심리학하는 교회언니 헵시바의
결혼상담

생각으로 당신을 온전히 예배할 수 있기를.

이 책을 내 영혼의 신랑되신
예수 그리스도께 바칩니다

추천하는 글

한 홍, 새로운교회 담임목사

꿈같은 연애 기간을 거쳐 결혼에 골인하는 모든 커플들은 모두 행복한 결혼생활에 대한 핑크빛 꿈을 꿉니다. 그러나, 그렇게 시작한 결혼이 고통이 되고 전쟁터가 되기도 할 때 너무나 당혹스럽습니다. 저자는 모든 크리스쳔 커플들에게 행복한 가정은 그냥 주어지는 것이 아닌 부부가 함께 건설해 가야 하는 공사장이며, 그리스도와 교회의 연합의 비밀을 배워 가는 개척교회와도 같음을 알려 줍니다. 저자 특유의 솔직하고 현실적인 예화들과 실질적 해결방법 소개는 책을 읽는 감칠나는 재미를 더해줍니다. 성경적이면서도 현실적인 이 책을 거룩한 행복을 꿈꾸는 젊은 크리스쳔 커플들에게 강추합니다.

김형준, 서울동안교회 담임목사

오늘날을 대표하는 수많은 단어 중에 '개인주의'는 결코 빠져서는 안 될 것입니다. 그만큼 많은 사람들이 개인화되고 파편화된 일상을 살아가고 있습니다. 이러한 현실 속에서 결혼을 한다는 것은 큰 도전입니다. 결혼은 부부에게 만족과 안정감을 주는 축복이기도 하지만, 현실의 문제 속에서 서로 다른 환경과 성격을 가진 두 사람이 하나가 된다는 것은 결코 쉬운 일이 아닙니다. 그러나 결혼이 쉬운 일이 아니기 때문에 그만큼 가치 있는 일입니다. 결혼을 통해 서로 사랑하며 성장하는 과정은 하나님께서 부부에게 주신 특별한 사명입니다. 이 책은 결혼을 '교회를 이루는 것'에 비유하면서 신앙적 관점에서 부부 관계의 의미를 돌아보고, 부부가 겪는 갈등을 해소하고 서로간에 진정한 동반자가 될 수 있도록 돕습니다.

심리학하는 교회언니 헵시바의 **결혼상담**

위에 언급했듯이, 저자는 결혼을 '교회를 이루는 것'에 비유합니다. 교회를 이루는 것과 마찬가지로 부부 관계 역시 성숙해지는 과정에서 수많은 문제에 직면합니다. 저자는 이런 현실적인 문제들을 진솔하게 다루며, 직접 상담한 케이스를 예시로 들어 해결책을 구체적으로 제시해 줍니다. 특히 결혼 초기에 겪는 갈등뿐 아니라 결혼 생활 중반부에서 발생할 수 있는 가치관의 충돌, 그리고 오랜 시간 후에 맞닥뜨리는 다양한 어려움에 대해서도 구체적이고 실질적인 조언을 아낌없이 담았습니다. 이러한 저자의 통찰력과 사랑이 담긴 조언은, 결혼이 단순히 '동거'가 아닌, 하나님의 뜻을 이루기 위한 '연합'의 과정임을 일깨워 줍니다.

특별히 이 책이 유익한 이유는 성경을 기초로 하고 있다는 것입니다. 결혼에 대한 성경의 여러 가르침을 현대적으로 재해석하고 누구나 납득할 수 있는 범위 안에서 실천방향을 제시합니다. 이 과정에서 부부는 신앙적인 성장을 경험할 수 있을 것이며, 서로에게 더 충실한 동반자로 자라나면서 하나님께서 맺어주신 결혼의 진정한 의미를 깨닫게 될 것입니다.

부디 이 책을 접하는 많은 분들이 결혼에 대해 실질적 지침을 세울 수 있기를 바랍니다. 그리고 하나님께서 세우신 결혼이라는 신성한 언약의 울타리 안에서, 서로를 더 사랑하고 헌신하며, 무엇보다 성령님의 이끄심 속에 살아갈 수 있게 되기를 바랍니다. 그래서 점점 더 개인화되고 파편화되는 세상의 물결을 거슬러, 사랑과 믿음의 가정을 세우고 세상을 밝게 빛내는 복된 가정의 복을 경험하게 되시기를 소망합니다.

박성민, 한국대학생선교회 CCC 대표

서점에서 발견하는 다양한 요리 책의 화려한 음식을 보다보면 당장이라도 멋진 요리를 만들 수 있을 것 같은 생각이 든다. 하지만 그러한 요리가 내 식탁에 오르기까지는 눈에 보이지 않는 많은 '수고'가 동반된다. 재료를 구입하러 마트에 가는 것부터 양념과 조리도구를 준비하는 것, 먹고 난 후의 설거지와 뒷정리까지 해야 한다. 당장 눈에 보이는 요리 이면에는 눈에 보이지 않는 많은 부분이 존재하는 것이다.

결혼이 그렇다. 결혼은 한 번의 예식이 아닌 '생활' 그 자체다. 저자인 헵시바는 이 책에서 결혼이 단순한 낭만이 아닌 현실이며 생활이라는 것을 명쾌하게 설명한다. 그렇기에 결혼의 시작을 '공사장에 입장하는 것'으로 비유한 것도 매우 적절하고 흥미롭다. 또한 결혼이라는 공사장에서 결혼이란 조직을 최초로 기획하신 최고의 전문가이신 예수님의 관리 감독을 받는 것이 얼마나 중요하며 당연한지를 역설한다. 그렇기에 결혼 생활의 목표는 하나님께 복종하고자 하는 우리의 의지이며 순종이라는 것이다.

헵시바는 부부가 서로 지어져가는 존재인 것을 발견하고 공사를 시작하는 것으로부터 독립이나 연합, 남편과 아내의 역할과 정체성, 함께 이루어갈 공동체로서의 가정, 이것을 위해 서로가 더 성장해야 할 부분에 대한 통찰을 준다. 이 때 기억할 것은 결혼 생활의 일상성이다. 특별하지도, 규모가 큰 어떤 이벤트가 아니더라도 먹고, 사랑하고, 서로를 도우며 살아가는 일상의 삶이 생활이고, 결혼은 결혼 생활이라는 것을 담담히 알려준다. 헵시바의 책을 읽고, 스터디북을 통해 생각할 거리를 정리해서 서로 대화를 나누면 결혼 생활에 대한 실제적인 도움이 될 것이다.

특별히 헵시바는 남편은 어떤 사람이고, 아내는 어떤 사람이어야 하는가 하는 정답 제시보다는 우리는 어떻게 살아가야 할 것인가를 이야기하면서, 헌신을 강조한다. 부부는 서로에게 헌신해야 할, 그렇게 하기로 언약한 관계이기 때문이다. 결혼에서의 헌신은 시간과 노력의 부분으로 보아도 지극히 평범한 일상성을 갖는다. 머리카락 치우기, 욕실 청소, 바쁜 아침 간단한 아침 준비하기, 설거지, 따뜻한 말 한마디 등 일상의 모든 것이 서로를 위한 헌신에 기초한다. 헌신이라는 말 자체가 드릴 '헌'에 몸 '신'을 쓴다. 나를 주는 것이다. 결혼 생활에서는 이 말이 갖는 무거움만을 요구하지 않는다. 권리, 특권을 누리는 것이 더 크다.

심리학하는 교회언니 헵시바의 **결혼상담**

연애상담에 이어진 결혼상담에 관한 내용들로 '생각할 거리'가 많이 담긴 이 책이 결혼 생활을 시작하는, 또는 어려움을 겪는 모든 부부들에게, 더 행복한 결혼 생활을 꿈꾸는 이들에게 의미 있는 성장의 디딤돌이 될 것을 기대한다.

목차

추천하는 글 4
목차 8
시작하는 글 〈빛〉 12
책 특징 및 활용법 23

Chapter 1. 공사장에 오신 것을 환영합니다

1장 공사장에 오신 것을 환영합니다 26
2장 가정은 개척교회다 35
3장 저희 부부, 잘 살 수 있을까요? 43
4장 유교식 순종과 불교식 순종의 오류 48
5장 꼴깍 꼴깍 죽느냐 사느냐 59

Chapter 2. 개구리의 독립

1장 정말 독립했다고요? 아닐텐데 69
2장 독립은 그런 것이 아니다 84
3장 원가족에 대한 보이지 않는 충성심 97
4장 하늘 아빠를 향한 날갯짓 103
5장 예수님의 사춘기 110

Chapter 3. 하트로 연합되다

1장 우리 부부는 어떤 유형일까? 119
2장 두 원이 합쳐져서 하트가 되었어요 132
3장 청년의 자아가 무너지기 시작하다 138
4장 회개는 쾌변과 같다 143
5장 배우자는 절대 속지 않는다 153

Chapter 4. 남편은 지붕 아내는 기둥

1장 남편은 지붕 아내는 기둥 159
2장 당신은 몇 점 짜리 배우자입니까? 165
3장 이기적인 남편과 오만한 아내 178
4장 '자기부인'이라는 듣기 싫은 말 186
5장 결혼은 최고의 자기계발 196

목차

Chapter 5. 불태워 헌신

1장 배우자가 직장 동료와 비슷한 점   203
2장 정서적 헌신과 육체적 헌신   207
3장 뜨거운 감자_ 돈   216
4장 시대가 변한 헌신_ 가사분담   222
5장 이혼하지 않으려면   227

Chapter 6. 분노 굴뚝

1장 부부 싸움의 이유   233
2장 분노를 다루는 성경적인 방법   241
3장 분노 조절이 어렵다면   252
4장 배우자 때문에 너무 힘들어요   256
5장 건강한 분노는 필요하다   262

마지막 글 〈사명〉　277

참고도서　285

시작하는 글
〈빛〉

빛 하나.

내 이야기로 시작하고 싶다.

나를 위해 평생 기도해주신 친할아버지가 계셨다. 할아버지 고향은 평양이다. 한국전쟁이 발발하자, 가족들과 헤어져 급히 남쪽으로 오셨다. 할아버지의 꿈은 믿음의 조상 '아브라함'이셨다. 홀몸으로 가정을 꾸리셨지만, 별처럼 많은 믿음의 자손을 남기는 꿈을 꾸셨다.

할아버지는 순장 교단의 장로님이셨다. 나는 여태껏 우리 할아버지만큼 순수한 믿음의 사람을 보지 못했다. 할아버지의 믿음은 무엇이든지 100프로 가능한 능력 그 자체였다. 할아버지는 하나님을 진실로 목숨처럼 믿으시는 분이셨다.

명절 때마다 할아버지댁에 가면 생동감 넘치는 하나님에 관한 이야기를 들었다. 할아버지는 우리 사촌들을 안방에 부르시고, 한 원으로 둘러 앉게 하셨다. 한 두시간 가량을 때로는 간증을 통해, 때로는 성경 말씀을 통해, 때로는 긴 기도로 모임을 인도해 주셨다.

할아버지의 육성은 언제나 힘이 있었고, 큰 열정과 믿음의 확신이 담겨 있었다. 모임 마지막에는 늘 우리 사촌들을 나이 순서대로 불러 주시며 한 명 한 명을 위해 기도해 주셨다. 나에 관해 가장 기억에 남는 기도는 여성 사사인 '드보라'와 같은 사람이 되게 해달라는 기도였다. 평소에도 종종 걸려 오는 할아버지와 전화 통화가 위로와 격려가 되었던 기억이 많다. 지금 생각해 보면 아마 새벽 기도를 마치시고, 때마다 성령의 감동을 전해주신 것 같다.

---

[1] 여호와께서 아브람에게 이르시되 너는 너의 고향과 친척과 아버지의 집을 떠나 내가 네게 보여 줄 땅으로 가라 내가 너로 큰 민족을 이루고 네게 복을 주어 네 이름을 창대하게 하리니 너는 복이 될 지라 (창 12:1-2)

어둠 하나.

아이러니하게도, 우리 부모님은 형식적으로만 크리스천이셨다. 주일을 제외한 모든 교회 활동을 금지했고, 학업적인 성공을 지나치게 바라셨다. 중학교를 수석으로 졸업했음에도 불구하고, 항상 성적에 대한 부담감에 시달렸다.

그러다 중 3 겨울, 같은 반이었던 남자친구와 교제를 했다. 짧게 끝난 연애였지만, 학업 외에 '인격적인 가치'에 대해서 처음으로 고민하게 된 계기였다. 그러다 얼마 후 등굣길에 4중 추돌 교통사고로 허리를 다쳤다. 책가방을 메는 일, 버스를 타는 일, 화장실에 가는 일 등의 아주 기초적인 일상생활에서도 불편을 느낄 정도였다. 가장 고역이었던 건 의자에 앉아 있는 자세였다. 어쩔 수 없이 학교에서 조퇴와 결석이 잦아졌다. 공부에는 당연히 집중하기 어려운 상황이었다. 부모님은 딸에게 일어난 변화를 믿기 힘들어 하셨다. 부모님과 점점 갈등의 골이 깊어졌고, 스스로를 심하게 자학하던 날들이 생각이 난다.

원래는 학교와 친구들을 너무 좋아했는데, 고등학생 때는 별다른 추억이 기억나지 않는다. 그저 아침에 눈을 뜨는 순간마다 오늘 하루는 또 어떻게 버텨야 할지 눈물만 앞을 가렸다. 종이처럼 얇아져 있는 허리 위로는 '입시경쟁'이라는 짐이 쉼없이 얹혀졌다. 마치 누군가 수면 아래로 내 목을 강제로 집어 넣고, 계속 잠수를 하라고 채찍질[2]하는 고통이었다.

아직 하나님을 만나기 이전이었다. 깊은 어둠 속에서 침몰하고 있는 것 같았다. 영혼육이 너무 많이 아프고 아프고 아팠다.

---

2 어려운 노동으로 그들의 생활을 괴롭게 하니 곧 흙 이기기와 벽돌 굽기와 농사의 여러 가지 일이라 그 시키는 일이 모두 엄하였더라 (출1:14)

빛 둘

고통은 첫 영적인 물음으로 나를 안내해 주었다.

'하나님이 정말 계신걸까?'

하나님을 찾았지만, 어떻게 만날 수 있는지 막연했다. 우연히 교회 지하에 작은 도서관이 있다는 것을 알게 되었다. 찾는 사람이 거의 없어 등골이 오싹할 정도로 서늘했다. 먼지가 쌓인 곳에 용기를 내어 들어갔다. 신앙 서적 몇 권을 읽으니, 신기하게도 영적인 갈증이 해소되고 있음이 느껴졌다. 다른 책에서는 맛볼 수 없던 신세계였다. 당시 헨리 나우웬의 책을 통해 지금의 고통이 우연이 아니라 하나님의 계획 안에 있다고 확신하게 되었다. 신앙 서적은 어두운 내 삶을 밝힌 '빛'이었다.

그럼에도 하나님을 인격적으로 만나지 않은 상태였다. 여전히 허리는 너무 아팠고, 아침 해가 뜨는 시간은 끔찍했다. 하나님이 계신 것은 확실한 데, 왜 개인적으로 만나주지 않으시는 건지 갈급함이 커져만 갔다.

'제발 나를 만나 주시라'는 기도는 허공에 하는 기도 같았다. 되돌아 오지 않는 대답에 지쳐갈 때쯤, 고3이 되었다.

5월의 어느 날, 친구를 따라 어느 청소년 집회에 가게 되었다. 그 집회를 가면 부모님께 혼이 나는 게 뻔한 상황이었지만, 무슨 정신이었는지 홀리듯이 갔다. 거기서 선교사님의 설교가 온 신경의 전율을 느끼게 했다. 그동안 교회에서는 나를 '죄인'이라고 했지만, 나는 딱히 죄를 저질렀다고 생각하지 않았다. 그 날 설교는 평생 처음으로 내 죄를 보게 했다. 마태복음 4장에서 예수님이 시험받는 장면을 설교하셨는데, 아주 강력한 말씀의 '빛'이 나를 내리 쬐었다.

갑자기 번개를 맞은 것 같은 충격[3]이었다. 내가 얼마나 벌레만도 못한 추악한 죄인인지가 깨달아졌다. 그 자리에서 눈물을 펑펑 쏟으며 생각나는 죄와 생각나지 않은 죄 모두를 줄줄이 고백했다.

회개의 기도를 마치자 세상이 180도 변해 있었다. 찬양을 부르면서 영혼의 자유함을 처음으로 맛보았다. 집회장에서 문을 열고 바깥으로 나왔더니, 하늘에서 햇'빛'이 내 머리 위로 강하게 쏟아져 내렸다. 스쳐 지나가는 꽃과 나무들까지도 나에게 인사를 건네는 듯했다.

내 인생은 이 날 이후로 완전히 변했다. 수능 몇 주 전, 수첩에 메모를 하면서 바라는 점수를 기도했다. 시험 결과 는 기도했던 점수와 정확하게 동일했다. 대학 입학 후에는 CCC 선교단체에 서 마음껏 신앙 생활을 시작했다. 각종 수련회와 공동체를 통해 알아가는 하나님이 그야말로 미치도록 좋았다.

사랑하고 사랑한다고, 평생 하나님께 헌신하겠다고 고백했다.

---

3 하나님의 말씀은 살아 있고 활력이 있어 좌우에 날선 어떤 검보다도 예리하여 혼과 영과 및 관절과 골수를 찔러 쪼개기까지 하며 또 마음의 생각과 뜻을 판단하나니 (히4:12)

어둠 둘

20대 때 신앙은 계속 성장했지만, 현실에서는 여전히 해소되지 않는 문제로 막막했다. 고등학교 때 학업 스트레스가 너무 컸어서 그랬는지, 학습 장애가 생겨 버렸다. 종이 위에 글씨가 둥둥 떠 다니는 난독 증상이었다.

대학 학점은 바닥으로 졸업했고, 작은 자격증 시험도 볼 자신이 없었다. 스케이트 선수가 다리에 부상을 입은 것과 마찬가지였다. 해오던 공부를 못 하게 되었으니, 미래는 어떤 방식으로도 그려지지 않았다.

대학 졸업 후에는 주일만 있고 평일은 없는 삶을 살았다. '교회 언니'로 주말에는 바쁘게 활동했지만, 평일에는 집에서 무기력하게 시간을 보냈다. 점점 교회에서도 아무 직업도 없는 나를 비웃는 시선들이 많아졌다. 신앙에만 매진했다가 인생이 잘 풀리지 않는 어리석은 아이가 되어 있었다. 나 때문에 하나님까지 욕을 먹이는 것 같아서 마음이 심히 괴로웠다.

내가 찾은 신앙은 분명한 진리가 맞는데, 이 신앙의 진보가 현실과 어떻게 연결되는 건지 답답했다. 그럴 때마다 하나님께 하소연하기도 했고, 말씀의 '빛'이라고 여겨지는 길을 따라 발걸음을 옮기기도 했다. 그럼에도 현실은 철옹성처럼 굳게 잠겨 있었다.

점점 신앙에도 회의가 들기 시작했다. 예수님을 믿고 나서 가장 중요한 세 가지 기도제목이 있었다. 진로, 결혼, 부모님의 변화였다. 20대 내내 했던 기도 제목들은 응답의 기미조차 보이지 않고 있었다.[4]

---

[4] 흑암 중에서 주의 기적과 잊음의 땅에서 주의 공의를 알 수 있으리이까 (시88:12)

빛 셋

마지막으로 있는 힘껏 기도를 해보아야겠다고 결심했다. 교회에서 진행한 40일 기도 프로그램에 참석했다. 그런데 작정한 기도의 날짜가 끝났음에도, 내 인생에 아무런 변화가 생기지 않았다. 냉소적이고 회의적인 마음조차 제자리였다. 낙심한 마음으로 방에서 누워 있는데 갑자기 한 생각이 떠올랐다.

'내가 그동안 하나님을 사랑한다고 하면서, 기도 응답이 되지 않는다고 토라진 모습이 진짜 사랑일까?'

늘상 하나님 앞에 기도 제목 꾸러미를 들고 갔던 것이 죄송해졌다. 많이 듣던 대로, 이제는 하나님의 '손'이 아닌 하나님의 '얼굴'을 구하고 싶어졌다. 하나님의 존재 그 자체를 사모하고 싶었다. 하나님께 노크하는 상상을 하면서 기도했다.

'하나님? 똑똑. 여기 계시나요? 똑똑...'

기도하자마자 곧바로 따뜻한 '빛'이 나를 감쌌다. 마치 사랑하는 연인을 바라보듯 하나님의 충만한 애정이 느껴졌다. 그동안에는 하나님이 나의 아비되시고, 친구 되신다는 믿음이 전부였다. 이 기도를 통해 하나님이 나의 '남편'이 되어 주심을 경험했다.

나의 존재 자체를 무조건적으로 기뻐하시는 황홀한 경험이었다. 내가 공부를 잘하지 않아도 착하지 않아도 예쁘지 않아도 된다고 말씀해 주시는 것 같았다. 하나님과 연애하는 기도는 내 영혼에 형용할 수 없는 기쁨을 선사했다. 기도 시간은 무엇인가를 요청하는 시간이 아니라, 하나님의 고백에 화답하는 시간으로 변했다.

나는 이렇게 헵시바[5]로 다시 태어났다.

---

[5] 다시는 너를 버리운 자라 칭하지 아니하며 (...) 오직 너를 헵시바라 하며 네 땅을 뿔라라 하리니 이는 여호와께서 너를 기뻐하실 것이며 네 땅이 결혼한 바가 될 것임이라 (사62:4)

감사하게도 이미 배우자 기도 제목은 응답이 되어 있었다. 당시 교회에서 남편과 같은 소그룹을 하고 있었다. 남편은 나를 첫 눈에 보고 결혼할 사람이라고 생각했다고 한다. 기도 프로그램을 마치고 수료식이 있었는데, 남편이 쎌 멤버로서 꽃다발을 들고 와서 나를 축하해 주었다.

결혼 후에는 남편의 회사를 따라 연고가 없는 지방으로 이사를 했다. 낯선 곳에서 육아를 시작했고, 고립되는 기분이 들었다. 어떻게든 사회적으로 연결되고 싶어서 유튜브를 시작했다.

우연히 찍은 '배우자 기도' 영상이 반응을 얻기 시작했다. 구독자분들이 현실의 답답함을 호소할 때 지난 날의 내 모습 같아서 그 심정을 충분히 이해할 수 있었다. 추가 질문이 오면 답변 영상을 올리면서 채널이 계속 커져갔다.

특히 반응이 좋은 분야는 연애와 결혼 상담이었다. 이 영역으로 누군가에게 도움이 될 거라는 생각은 해본 적이 없었다. 유튜브라는 매개체를 통해 나도 몰랐던 달란트를 발견하게 하셨다. 남들이 하지 않는 유일한 일을 하고 싶다는 진로에 관한 내 두번째 기도제목이 응답이 되었다. 하나님은 그동안 어두움을 놓고 씨름하던 시간들을 이렇게 '빛'으로 바꾸어 주셨다.

어둠 셋

배우자 기도를 통해 결혼 생활을 시작했지만, 힘든 지점이 있었다. 원가족의 분위기가 많이 달랐고, 서로를 이해하는 데 많은 장애물이 있었다. 우리 둘 다 원가족에서 결핍되었던 상처가 폭발적으로 쏟아져 나오는 듯했다. 기도와 나름의 지식으로 해결하고 싶었지만, 마주 대하는 상황은 결코 쉽거나 단순하게 풀리지 않았다. 우리가 서로를 사랑하는 마음은 깊고 진실한데, 왜 갈등이 생기는 건지 너무 속상했다.

세번째 기도제목이었던 부모님의 변화도 여전히 숙제였다. 크리스천 청년들을 상담하면서 다양한 가족 배경을 듣는 자리에 있었다. 그럼에도 우리 원가족처럼 특수한 사례도 찾기 힘들었다. 그 점이 더 낙심이 되었다. 할아버지는 기도를 그렇게 많이 하셨는데, 왜 할아버지의 신앙이 자녀인 아빠에게 전수되지 않았을까 고뇌가 깊어졌다.

하나님은 할아버지와 할머니의 결혼 생활을 떠올리게 하셨다. 할머니는 손주들 앞에서도 큰 소리로 할아버지께 역정을 내시곤 했다. 특히 손주들과 신앙적인 모임을 하고 나오시면, 과도하게 할아버지의 행동을 비난하시던 모습이 생생하다.

할머니를 통해 비추어진 할아버지는 외곬수 고집쟁이였고, 이 관점은 자녀들에게 고스란히 전해졌다. 이는 자녀들에게 신앙을 왜곡된 렌즈로 보게 하는 결과를 낳았다. 그리고 이 어둠의 영향은 손녀인 나에게까지 희석되지 않고 내려왔음을 보게 하셨다. 그래서 부모님의 신앙이 성장하기 어려웠다는 점을 짚어 주셨던 것이다. 할아버지는 돌아가시기 전, 이렇게 말씀하셨다고 했다.

"하나님이 내게 세상의 모든 복을 다 주셨어. 그런데 딱 한가지 복만 주시지 않았단다. 그게 뭔지 아니? 바로 '아내'의 복이야.."

어둠에서 빛으로.

얼마 전 할아버지 장례식이 있었다. 한평생 교회를 목숨처럼 사랑하시고, 순결한 믿음을 살아내신 믿음의 조상, 조영상 장로님[6]의 영혼이 영광스럽게 하나님께 드려지는 모습을 보았다. 가족들은 장례식장에서 비로소 할아버지의 삶을 진심으로 존경하고 인정하지 않을 수 없었다. 할아버지의 '빛'나는 삶은 장례식장에서 생전 때보다 더 환하게 비추었다.

앞서 나눈 나의 이야기들은 내가 왜 가정사역에 관심을 가지게 되었는지를 말하기 위함이다. 나는 분명히 크리스천 배경의 집안에서 자랐다. 하지만 신앙과 가정이 조화를 이루지 않을 때의 혹독한 대가를 보고 겪게 하셨다고 생각한다. 가정사를 일일이 다 표현하기는 어렵다. 강조하고 싶었던 내용은, 크리스천 가정의 모순과 괴리감이다. 이 문제는 결코 간단하지 않다. 오히려 믿지 않는 가정보다 더 복잡하고 까다롭게 꼬여 있을 수 있다.

받은 은혜가 이루 말할 수 없이 많기에 윗세대를 비판하고 싶은 생각은 없다. 이는 남겨진 우리 세대의 몫이라고 생각한다. 이 책도 이러한 동기로 집필하였다.

가정에서 죄가 활개치게 놔둔다면, 사단은 쾌재를 부른다. 가정을 공격하는 방법은, 크리스천들의 급소를 치는 것과 같다. 가정사역을 능동적으로 하지 않는 가정은 사단 입장에서 펼칠 수 있는 전략이 아주 많다.

결국 신앙의 전수를 위해서는 가정을 세워야 하고, 건강한 가정을 위해서는 신앙만이 유일무이한 길이다. 이 둘은 결코 별개가 아니다. 초대교회는 가정에서부터 시작되었다. 가만히 살펴 보면 성경은 결혼으로 시작해서 결혼으로 끝난다. 가정과

---

[6] 생전에 못 다 받으신 영광을 드리고 싶은 손녀의 마음이 있다.

교회는 동일한 매커니즘이 적용되지만, 이를 인정하고 의식하며 실천하는 경우는 드물다. 사단은 믿음의 가정을 뒤흔들기 위해, 신앙과 가정을 분리하라고 끊임없이 속인다. 신앙과 가정을 동일선상에 두지 않는다면, 다음세대가 치명상을 입는다.

가정을 세우기 위한 다양한 도구를 활용할 수 있지만, 이는 장님 코끼리 다리 만지기와 같다. 부부 모두 성경에서 강조하는 '죄'를 처리하는 과정을 반드시 넘어가야 한다. 그렇지 않다면, '믿음의 가정'이라는 목표는 허망한 구호와 외식으로 끝날 수밖에 없다. 교회에서와 마찬가지로, 가정에서도 치열하고 성실한 사역이 무조건 필요하다.

하나님은 교회에서 그토록 많이 들었던 성화의 작업을 생생한 가정의 현실에서 결코 쉽게 피할 수 없는 방식으로 직면하게 하신다. 이 책에서 말하고자 하는 가장 핵심 주제도 배우자도 인정할 만한 수준의 회개다. '회개'없는 가정사역은 아무런 힘이 없다고 진심으로 강력하게 믿는 바이다.

가정, 그 어느 자리보다 치열한 영적 전쟁터에서 이 책이 어둠과 '빛'을 연결하는 지혜의 통로가 되게 하시기를 간절히 기도드린다.

책 특징 및 활용법

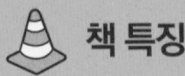 **책 특징**

1. 심리학적 통찰을 성경에 위배되지 않는 범위 내에서 참고했다.
저자가 '심리학하는 교회언니'로 활동하지만, 심리학에 지나친 의존은 성경적인 범위 안에서 경계한다. 그럼에도 심리학적 통찰이 우리 신앙인들의 삶을 풍요롭게 하고, 통찰을 발견하게 도와주는 지점은 충분히 활용 가치가 있다고 생각하고 참고했다.

2. 결혼에 관한 핵심 키워드를 균형 있게 담았다.
결혼에 대해서는 방대한 분량의 책이 이미 시중에 나와 있다. 이 책은 결혼에 관해 다루어지는 핵심적인 내용들을 빠짐 없이 정리 정돈해서 담기 위해 애썼다. 이 책의 기본 구성을 바탕으로, 다른 책들을 참고하면서 내용을 보충해 나가는 용도로 사용할 수 있다.

3. 목차를 통일성 있게 구성했다. (*단, 챕터 5만 제외)
1장에서는 결혼 현실을 있는 그대로 정직하게 직면한다. 2장에서는 하나님이 원하시는 믿음의 푯대와 이상향을 바라본다. 3장에서는 현실에서 겪어 내야 하는 시행착오와 어려움을 인정한다. 4장에서는 신앙적인 개념을 결혼 생활에서 적용할 수 있는 지혜를 얻는다. 5장에서는 보충 사항을 학습하고 결혼에 필요한 기술들을 꾸준히 배워 나간다.

- 1장 : 결혼 현실 수용하기
- 2장 : 결혼 청사진 이해하기
- 3장 : 결혼 생활의 예상되는 어려움
- 4장 : 결혼 생활에서의 신앙 개념 적용
- 5장 : 추가 심화 내용

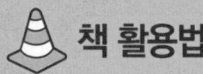 책 활용법

1. 대상
1순위 : **결혼 3년차 이내 신혼 부부**. 허니문 기간이 지나고, 내적 외적인 갈등이 시작될 때 가장 필요한 책이다.

2순위 : **젊은 부부**. 가정 사역은 어느 부부나 꼭 해야 한다. 가정 사역의 필요성을 간과한 부부가 놓쳤던 부분을 점검하고 회복할 수 있다.

3순위 : 성경적 결혼관에 관해 심화 내용을 이해하고 싶은 **청년**. 부모님과의 독립 과업이나 성경적인 결혼관 정립이 더 구체적으로 필요한 경우가 있다. 특히 연인 관계에서 갈등이 잦거나, 지난 책 '연애상담'을 완독했지만, 여전히 풀리지 않는 영역이 있는 청년들에게도 이 책을 추천한다.

2. 스터디북 활용 [*별매]
스터디북을 본문 책보다 **먼저** 읽기 시작할 것을 권한다. 스터디북은 12주차 본문 읽기 과제, 적용과 나눔 질문, 성경 초성 퀴즈, 스티커 등 다양한 활용 자료가 풍부하게 제시되어 있다. 스터디북을 활용한다면, 실제적인 변화에 훨씬 더 가까워질 것이라 확신한다. 특히 부부가 함께 공부해도 좋지만, 소그룹을 통해 다른 부부들과 함께 공부한다면 더욱 역동적인 유익을 누릴 수 있다. 자매님들은 네이버 카페를 통해 저자가 인도하는 소그룹 모임에 직접 참여할 수 있다.

3. 커뮤니티 활용
유튜브 채널 **[헵시바_hepbsibah]**과 네이버 카페 **[헵시바 맘카페]**를 통해 저자를 만날 수 있으며, 메일 **[mommyyounga@gmail.com]** 로 온라인 부부 상담 신청이 가능하다. (*참고 : 유튜브 [헵시바 맘카페] 채널은 크리스천 자녀 교육에 관한 내용이 업로드 될 예정이다.)

Chapter 1.
공사장에 오신 것을 환영합니다

1. 결혼 현실 수용하기
공사장에 오신 것을 환영합니다

결혼에 대한 환상 깨기

결혼은 유토피아가 아니다. 잠시 그렇게 느껴지는 허니문은 곧 지나간다. 낭만이 와장창 깨지는 소리가 들리기 시작한다.

사례 : 아인 자매는 자상하고 로맨틱했던 상현 형제에게 반해 결혼을 결정했다. 연애할 때 밤이 새도록 통화하는 시간은 너무 행복했다. 매일 사소한 표현도 아끼지 않는 상현 형제의 모습을 신뢰하지 않을 수 없었다. 그런데 신혼 초부터 점점 기대가 빗나가기 시작했다. 결혼 후 남편은 연애 때와는 아주 딴판이었다. 애써 대화를

이어가고자 던진 질문에도 건성으로 대답했다. 이렇게 무심한 사람이었나 배신감마저 들 정도였다.

그런데 여전히 밖에만 나가면 다른 자매들에게 다정다감한 교회 오빠였다. 스멀스멀 올라오던 속상함이 분노로 바뀌면서 점점 감출 수 있는 수위를 넘어서고 있었다. 하루는 아인 자매는 상현 형제에게 위선자가 따로 없다며 온갖 악담을 퍼부었다. 그날 이후 상현 형제는 아인 자매에게 더 감정적으로 거리를 두기 시작했고, 아인 자매는 깊은 실망과 자책감, 외로움에 속수무책이 되어 버린 기분이었다.

결혼 생활에는 나름의 기대치가 있었다. 그러나 점차 예상과 다른 아주 많은 것들이 보이기 시작한다. 당황스러움은 실망과 좌절, 분노로까지 이어진다. 상상보다 거대한 파도가 결혼이라는 포장지에 싸여 기다리고 있었다.

배우자의 장점이라고 생각했던 부분이 치명적인 약점으로 다가온다. 배우자를 선택했던 '이유'가 아이러니하게도 결혼 생활을 어렵게 만드는 '이유'로 변해버렸다.

부부 갈등의 사례는 다양하다. 배우자의 작은 습관에서부터 영적, 정서적, 그리고 현실적인 차이까지 모든 것이 갈등의 원인이 될 수 있다.

예를 들어, 배우자가 신뢰를 저버리는 행동을 할 수도 있고, 분노 조절이 어려울 수 있다. 경제적 문제가 발목을 잡는다고 느낄 수도 있고,

중독 등의 정신질환, 시댁 처가 문제 등이 불거질 수도 있다. 만날 때마다 다툼이 끊이지 않을 수 있고, 마음이 서먹해진 부부도 있다.

비유를 들어보자. 마치 사업을 시작하며 아르바이트생과 고용 계약을 체결한 상황과 비슷하다. 월급은 꼬박꼬박 지급하지만, 정작 일은 건성으로 하는 모습에 실망이 쌓인다. 처음에는 어느 정도 이해하고 눈감아 주면 나아질 거로 생각했지만, 한 달, 두 달, 그리고 해가 넘어가도록 달라지지 않는다. 차라리 혼자 일하는 게 낫겠다는 생각이 들면서, 왜 이 사람을 고용했을까 하는 후회가 밀려온다. 내 안목이 문제였는지, 아니면 의사소통에 문제가 있었는지 고민하며 답답함만 커진다. 스스로를 탓해 보기도 하고, 상대를 탓해 보기도 하며, 심지어는 하나님께까지 책임을 돌려보지만, 속 시원한 해결책은 좀처럼 찾아지지 않는다.

아무리 사소한 문제라도 배우자는 365일 쉬지 않고 만나는 상대이다. 그래서 부부의 마찰은 멈추지 않고 지속된다는 특징이 있다. 따라서 갈등이 완전히 해소되거나 해결되지 않는다면, 계속 스트레스가 누적될 수밖에 없다. 결혼 연차가 늘어날수록 당사자가 느끼는 부담은 가중된다.

당신 부부의 첫 신혼집은 어떠했는가. 신혼집의 크기나 인테리어가 마음에 들었는가. 어떠한 모습이었든지 간에, 참된 가정을 이루는 것은 단순한 '외형'을 넘어서는 것이다. 건강한 가정은 무조건 시간과 노력, 훈련을 통해 서서히 완성된다. 부부가 하나가 되는 일을 결코 쉬운 일이 아니며, 결코 단번에 이루어질 수 없다. 세상의 모든 부부는 반드시 겪어야 하는 치열한 과정을 거쳐 간다.

자신들의 결혼 생활이 아주 불행하다고 대답하였던 부부 중 77%는 5년 후 매우 행복하거나 진심으로 행복하다고 대답했다는 조사 결과도 있다. 부부 관계는 역동적으로 상호작용을 하며 세워져 가는 과정이 필요하다.

결혼의 3단계

'온전한 결혼생활'이라는 책에서는 대부분의 부부가 다음의 세 단계 결혼 생활을 경험하게 된다고 한다. 바로 환상, 환멸, 성숙의 세 단계다.

1단계 환상기는 "우리 사랑 영원히 이대로!" 최상의 행복 단계다. 그야말로 콩깍지가 아직 안 벗겨져, 모든 것이 완벽해 보인다.

2단계 환멸기는 "이 사람과 내가 이렇게 다를 줄이야!"라는 깨달음이 찾아오는 시기다. 서로의 차이가 두드러지게 보이게 시작하며, 상처받고 언짢은 상황이 잦아진다. 금방 해결될 것이라 믿었던 문제들이 생각보다 가볍지 않다는 것을 발견하고, 마음이 무거워진다.

3단계 성숙기는 부부가 진정한 연합에 가까워지는 단계다. 이 시기에는 갈등을 현실적으로 수용하고, 해결할 수 있는 능력을 갖추게 된다. 비로소 열매 맺고 풍성한 가정을 누릴 수 있다.

대부분의 사람은 1단계 환상기에서 바로 3단계 성숙기로 넘어갈 거라는 그릇된 기대를 하고 결혼 생활을 시작한다. 결혼식만 끝나면 모든 것이 순조롭게 흘러갈 것이라 믿는 것이다.

[그림1-1] 공사장 표지판

하지만 진정한 가정을 이루기 위해서는 반드시 "공사장"과 같은 작업을 거쳐야 한다. 이는 서로에게 예상치 못한 차이가 있음을 발견하고, 이를 인정하는 과정을 통해 사랑의 지경이 넓어지는 과정이다. 이러한 공사 작업을 생략하고 결코 성숙한 가정을 세울 수 없다.

흔히 벼락부자를 바라지만, 실제로 복권에 당첨되신 분들의 삶은 이전과 별반 다를 게 없다고 한다. 이는 자산이 늘어가면서 겪는 시행착오를 통해 관리 능력을 습득하지 않았기 때문이다. 규모에 맞는 성실한 단계를 거쳐 가는 과정을 생략하면, 결과 자체도 무의미할 수 있다. 이처럼 삶의 중요한 문제일수록 단계별 훈련 과정을 건너뛸 수 없다. 과정을 거치면서 알게 모르게 지혜와 능력이 자라게 된다.

낙관론자들은 1단계 환상기만 언급하고,

비관론자들은 2단계 환멸기만 언급한다.

그리고 이상주의자들은 3단계 성숙기만 기대할 것이다.

그러나 이 책은 2단계에서 3단계로 거쳐가는 '중간 과정'을 다룬다. 그리고 이를 '공사장 기간'이라고 칭한다.

그의 안에서 건물마다 서로 연결하여 주 안에서 성전이 되어 가고 너희도 성령 안에서 하나님이 거하실 처소가 되기 위하여 그리스도 예수 안에서 함께 지어져 가느니라 (엡2:21-22)

에베소서 2장 21-22절은 1부의 핵심 구절이다. 이 말씀 구절에 착안해서 이 책의 기본 개념이 구성되었다. 에베소서는 교회론을 다루는 책이다. 교회와 가정은 성경 안에서 맥을 같이 한다. 따라서 가정을 세우는 원리에 에베소서 말씀을 동일하게 적용해도 무리가 없다.

이 말씀에서는 주 안에서 성전이 '되어가고' 함께 '지어져 가느니라'라고 표현했다. 교회와 가정이 한 방에 완성되었다고 완료형으로 표현하지 않은 점에 주목해야 한다.

21절에 성전이 '되어간다'는 단어의 원어를 보면, '기르다' '커지다' '자라다' '증가하다'의 뜻이 있다. 또한 22절에 '함께 지어져 간다'는 의미는 '건설하다'라는 뜻이 있다.

예수님을 믿은 직후에 바로 예수님과 같이 성화 된 삶을 살 수 없는 것과 마찬가지이다. 칭의는 성화의 시작일 뿐이지 완성이 아니다. 마찬가지로 결혼식은 건강한 결혼 생활의 출발선일 뿐이다.

'과정'이 중요한 이유

[그림1-2] 공사장에 들어간 신혼부부

공사장 기간은 사실 아주 중요하고 핵심적인 단계다. 앞으로의 결혼생활은 이 공사장 기간을 어떻게 보냈는가에 의해 좌우된다. 대부분의 이혼은 결혼 후 3년 이내에 발생한다고 한다. 신혼 3년 차 이내에 서로의 차이를 극복하지 못하면, 미운 감정이 쌓이고 나중에 더 큰 불화로 발전할 수 있다고 한다.

우리는 늘 무언가를 기다리고 있는 것은 아닌지 모르겠다. 합격을 기다리고 취업을 기다리고 배우자를 기다리고 결혼식을 기다린다. 결혼 후에는 배우자의 변화를 기다리고 월급 인상을 기다리고 임신 소식을 기다리고 자녀가 빨리 성장하기를 기다린다. 이렇듯 기다림은 인생 대부분의 비율을 차지하지만, 결과의 기쁨은 길어봤자 고작 몇 개월이다. 따라서 한 순간의 결과에만 집착하는 삶은 허무하기 이를 데 없다.

우리 삶이라는 게 무서우리만치 각 과정을 정직하고 성실하게 임해야 하는 듯싶다. 아주 중요한 지혜일수록 어깨 너머로는 배울 수 없다.

기다림의 과정을 어떻게 대하느냐에 따라 인생의 전반적인 질이 결정된다. '믿음의 가정'도 그 자체를 목표로 삼고 집착한다면, 쉬이 지치고 불만이 터져 나오기 쉽다. 결혼 생활의 우여곡절을 겪는 과정 자체에도 풍성한 의미를 부여해 보자.

특히 인격적인 관계의 영역은 반드시 시간이라는 장치를 통해 증명된다. 결혼 생활에서의 가장 중요한 열쇠는 배우자와의 친밀한 우정을 쌓는 일이다. 우정이라는 폭과 깊이를 한순간의 웨딩 이벤트로 보장받을 수 있을 거라 기대할 수는 없다. 쉽사리 포기하고 싶은 순간에도 서로를 이해하기 위한 치열한 순간들이 성실하게 모인다면, 비로소 결혼 생활의 가치를 제대로 우려낼 수 있을 거라 믿는다. 결혼 생활이라는 긴 여정 가운데 하나님의 섬세한 의도를 발견하는 시야가 넓어지도록 이 책이 돕고 싶다.

2. 결혼 청사진 이해하기
가정은 개척교회다

부부를 위한 성장 과업

나는 학창 시절 눈*이 수학같은 가정 방문 학습지를 한 적이 있다. 그 교육 방식은 이러했다.

1. 교사가 일주일에 한 번 방문하여 숙제를 내준다.
2. 학생은 일주일 동안 주어진 과제를 모두 마쳐야 한다.
3. 특정 단계에서 실수가 거의 없어질 때까지 같은 유형의 문제를 반복하며 익힌다.
4. 충분히 숙달되면, 비로소 다음 단계로 넘어간다.

하나님을 우리의 가정방문학습지 교사로 비유하기에는 한계가 있지만, 분명히 비슷한 점이 있다. 부부가 된 두 사람도 흙 냄새 나는 공사장에 들어간다. 웨딩 드레스와 턱시도를 벗어 던지고 노란 안전모와 잿빛 안전복을 착용한다. 이제 할당된 분량의 작업을 시작한다. 피땀 흘리는 고된 작업에 지치더라도 해내야 한다.

때마다 부부에게 과제가 제시된다. 과제의 목표를 빠르게 눈치채는 부부가 현명하다. 같은 작업을 충분히 소화하고 마무리 짓고 나면 그제서야 다음 단계로 넘어갈 수 있는 자격을 얻는다. 부부가 3년째, 7년째, 20년째 똑 같은 문제를 두고 똑같은 방식으로 갈등한다면, 공사 작업의 다음 진도를 뺄 수 없다.

[그림1-3] 공사장에 들어가서 좌충우돌하는 부부

물론 결혼 연차를 무시할 수는 없다. 하지만 단지 형식적으로만 결혼 생활을 유지하는 부부도 어렵지 않게 찾아볼 수 있다. 어떤 부부는 성실한 자세로 하나님의 과제를 받아들이지만, 어떤 부부는 장년이 될 때까지 숙제를 미루고 끝내 회피한다. 부부에게서 해결되지 못한 과제는 의도하지 않았더라도 정확한 분량으로 그 자녀들에게 떠넘겨진다.

따라서 성숙도에 맞게 주어지는 사랑의 과업을 완수하는 것이 중요하다. 부부 전체에게 팀 프로젝트로 제시되는 과업도 있지만, 개별 과제도 따로 있다. 지속적으로 나 자신을 벗어나 사랑의 차원을 높여갈 수밖에 없는 도전을 직면하다 보면, 어느새 하나님이 쓰시기에 합당한 모습으로 빚어져 있음을 발견케 하신다. 상대방을 이해하는 깊이와 사랑의 지경이 넓어질수록 신앙 또한 견고해진다.

무엇보다, 이제 부부가 공사장에 들어와 있다는 현실을 인정하는 것부터 시작해야 한다. 연애 시절의 화려함은 잠시 접어두자.

'하나님이 나한테 원하시는 과업이 있다는 생각만 해도 머리가 지끈한다.'

'내가 이렇게까지 해야 하나? 노력해도 상대방이 알아주지도 않는다. 그냥 포기하고 사는 것이 낫지 않을까?'

자기중심적인 태도는 공사 진행에 가장 큰 적이다. 자아에만 집중했던 청년 시절은 잊어버리고, 작업에 몰입할 수 있도록 온 힘을 다해야 한다.

성공적인 결혼의 숨겨진 비밀

다시 에베소서로 돌아가 보자. 에베소서 5장 22절에서 32절은 결혼식 주례에서 가장 사랑받는 말씀 중 하나다. 그런데 이 구절을 읽다 보면, 한 가지 의문이 생긴다.

엡5:22-31 아내들이여.. 남편들아..

22절부터 31절까지는 부부의 연합에 대해 길게 설명한다. 그런데 갑자기 32절에서 예상치 못한 문장이 등장한다.

"이 비밀이 크도다."

비밀? 도대체 무슨 비밀을 말하는 걸까? '비밀'이라는 단어에 주목해 보자.. 비밀이란 무엇인가? 아무에게나 쉽게 누설하지 않는 이야기다. 오직 친밀한 사람에게만 조심스럽게 공유되는 특별함이다.
그렇다면 하나님께서 '비밀'이라고 강조하시는 이유는 무엇일까? 마치 보물지도의 단서처럼, 단순한 정보가 아니라 반드시 발견해야 할 중요한 의미가 담겨 있는 것은 아닐까? 혹시 이 비밀이 크리스천들에게만 허락된, 하나님과의 깊은 관계 속에서만 알 수 있는 특별한 메시지는 아닐까? 귀를 기울일 준비를 하고 다음 구절을 보니, 그 비밀이

심리학하는 교회언니 헵시바의 **결혼상담**

무엇인지 부연 설명을 해 놓았다.

엡5:32 후반절 나는 그리스도와 교회에 대하여 말하노라

32절을 통해 우리가 주의를 기울여야 할 '비밀'이 드러났다. 결혼의 연합은 단순히 인간적인 관계를 넘어, 예수 그리스도와 교회의 연합을 반영하는 것이었다. 이를 간단하게 도식으로 그려보면 다음과 같다.

<u>남편과 아내의 연합 = 예수 그리스도와 교회의 연합</u>

즉, 신앙과 결혼 생활의 유사성을 말하고 있다. 결혼 생활은 교회와 예수님과의 연합을 보여주는 작은 모형이다. 이를 이해하기 시작하면, 큰 그림이 보이기 시작한다. 결혼을 인간적으로만 접근해서는 한계에 직면하게 될 수밖에 없다. 결혼은 일종의 '신비'의 영역이고, 인간의 어떠함을 초월한다.

결혼 생활을 하다 보면 뭐가 뭔지 정확히 설명하기 어렵지만, 하나님의 은혜로 부둥켜안고 여기까지 오게 하셨음을 발견하게 되는 때가 많다. 그래서 '이 비밀이 크도다'라고 언급했는지 모른다. 선명하게 짚이지 않을 때마다, 결혼 생활의 숨겨진 신비를 묻고 간구해야만 헤쳐 나갈 수 있는 지점들이 아주 많다.

나는 이 책을 이 비밀에만 몰입하면서 썼다. 결혼에 필요한 지혜와 통찰은 하나님께서 차고 넘치도록 주실 수 있다. 결혼 생활은 신앙생활과 맥을 같이한다는 엄청난 비밀에 우리는 아주 많은 의미를 부여해야만 한다.

물론 교회와 그리스도와의 연합이 더 깊고 심오한 형태임은 두말할 필요가 없다. 그래서 이 땅에 가정 사역이 조금 실패했을지라도, 예수님과의 관계성을 더 신뢰함으로 붙잡아야 한다. 하지만 대체로 결혼 생활에서 부딪히는 부분은 실로 신앙생활에서도 어려운 부분일 가능성이 크다.

잊지 말자. 성경에서 가정과 교회는 상징적으로 유사하다. 성경은 창세기에서 남녀의 결혼으로 시작해서, 요한계시록에서 결혼의 궁극적 완성으로 마무리된다.

가정은 개척교회다. 앞서 살펴보았듯이, 가정과 교회가 공동체로 이루어지는 방식의 유사성에 대해 성경에서 분명히 언급되어 있다. 특히 에베소서는 대표적으로 '교회'에 관해 다루는 책이다. 따라서 에베소서 말씀을 가정에 대한 통찰과 지혜를 얻는 데 적용해도 무리는 없다.

앞서 살펴보았던 에베소서 5장 22절에서 33절은 결혼의 의미를 한층 더 깊이 조명한다. 단순히 부부 사이의 사랑과 헌신을 이야기하는 것이 아니라, 결혼을 통해 예수 그리스도와 교회의 연합이 어떻게 반영 되는지를 설명한다. 예수님께서 교회를 위하여 자신을 내어주신 것처럼, 남편도 아내를 사랑해야 한다. 그리고 교회가 그리스도를 높이고 따르듯, 아내 역시 범사에 남편을 존경해야 한다. 이것은 단순한 관계의 원칙이 아니다. 우리가 신앙생활을 하는 본질, 원동력, 그리고 궁극적인 목표가 되어야 한다.

결혼은 단순한 감정이나 계약이 아니다. 신앙의 거울이고, 사역의 실전이다. 우리는 이 관계를 통해 하나님이 어떠한 분인지, 죄가 무엇인지, 죄를 해결하기 위해 예수님의 피가 절대적일 수밖에 없다는 진리가 어떻게 적용되어야 하는지를 배운다. 먼발치에 서서 듣던 교리가 아닌, 내 삶 구석구석에 파고드는 실체적인 진리를 배운다.

배우자와 연합된 상태가 현재 신앙생활의 정확한 지표일 수 있다. 예를 들어, 하나님에 대한 냉랭한 불신앙이 이혼으로 이어지게 되는 사례는 예삿일이 아니다. 물론 모든 이혼이 하나님께 불순종했다는 뜻은 아니다. 지상의 결혼으로 신앙 생활의 전부를 평가할 수는 없다. 배우자의 일방적인 잘못 때문에 이혼할 수도 있다.

그러나 그 예외가 나라고 생각하기를 잠시 멈추어 보자. 내 신앙의 수준이 결혼 생활의 문제를 통해 드러나는 것은 아닌지 살펴보자. 결혼 생활에서 겪는 어려움을 통해, 피하기 힘든 수준으로 우리의 내적인 문제를 다루시는 것은 아닌지 반드시 점검할 필요가 있다.

이처럼 결혼이 신앙생활과 절대로 분리되지 않는다는 사실을 깨닫는 순간, 우리의 결혼관은 완전히 달라질 것이다. 우리는 이 작은 교회를 어떻게 세워가고 있는가? 진실한 몸부림 속에서 하나님의 '비밀'을 발견하게 하실 것이다.

아직은 무슨 의미인지 모호할 수 있다. 앞으로 이 책과 스터디북을 통해 신앙생활이 결혼 생활에 적용되는 아주 구체적인 지점들을 발견할 수 있을 것이다.

또 내가 보매 거룩한 성 새 예루살렘이 하나님께로부터 하늘에서 내려오니 그 준비한 것이 신부가 남편을 위하여 단장한 것 같더라. (계21:2)

3. 결혼 생활의 예상되는 어려움
저희 부부, 잘 살 수 있을까요?

가정을 유지하는 유일한 방법

아기 돼지 삼 형제 이야기가 있다. 첫째 돼지는 지푸라기로, 둘째 돼지는 나무로 집을 짓는다. 셋째 돼지는 형들에게 늑대가 온다고 경고했지만, 형들은 가볍게 그 말을 무시한다. 셋째 돼지는 늑대가 올 것을 대비해 튼튼한 벽돌로 집을 지었다. 어느 날. 늑대가 찾아와 크게 숨을 들이마신 후, 강하게 바람을 불었다. 지푸라기 집과 나무집은 버티지 못하고 통째로 날아간다. 셋째 돼지의 벽돌집은 끄떡도 하지 않고 안전하게 살 수 있었다.

동화 속 이야기만이 아니다. 세 가정 중에 두 가정은 늑대와 같은 사탄의 입김 한 방에 뒤집어지고 있다. 분명히 사탄이 온다고 경고했지만, 가볍게 가정을 이루고 어련히 잘될 거라 안심한다. 깨어진 가정을 찾는 건 손쉬운 일이 되었다. 법적인 이혼으로 갈라섰거나, 정서적으로는 이미 이혼 상태로 무늬만 간신히 버티고 있는 가정이 수두룩하다.

다시 공사장에 들어온 부부 이야기로 돌아가자. 공사장 인부는 앞으로 공사가 어떻게 진행될지 건물의 청사진을 인지하지 못한 채 일하는 중이다. 때로는 염려되고 불안하고 무섭기까지 하다.

어느 공사장이나 공사 관리 감독관이 있다. 우리 가정집을 짓는 공사장에도 예수님이 계셨다! 예수님이 관리 감독 역할을 하신다. 공사 진행 방향과 과업을 지시해 주신다. 그뿐만 아니다. 예수님은 공사 기획, 설계, 공사 작업의 세부적인 기술까지도 꿰뚫고 계신다. 애초에 가정이라는 조직을 최초로 기획하신 최고의 전문가가 아니신가! 이분만 믿으면 우리 부부가 우왕좌왕하거나 불안해하지 않아도 된다. 예수님의 명령을 귀담아듣기만 하면 안심하고 집을 지을 수 있다.

가정을 세우신 진짜 이유

앞서 믿음의 가정을 건설하기 시작할 때, 설계자인 예수님의 지시를 잘 따라야 한다고 언급했다. 결혼 생활에서 완전한 행복을 바라면 지치기 쉽다. 그보다는 하나님께 대한 '순종'이라는 목표가 더 앞서야 한다.

잠시 역사가이신 하나님께서 성경을 '편찬'하시는 장면을 상상해 보자. 모든 성경이 하나님의 감동으로 쓰였으니(딤후 3:16), 분명히 보이지 않는 손길로 개입하셨을 것이다. 그렇다면 성경을 통해 하나님께서 특별히 눈여겨보시고 '발췌'하신 이야기는 무엇일까? 성경의 전체적인 흐름이 익숙하지 않다면, 하나님께서 특별히 선택하신 사람들의 공통점을 간략히 살펴보자. 예를 들면, 우리가 잘 아는 아브라함이다. 자세히 들여다보면, 성경이 주목하는 것은 아브라함의 '선택'이다. 그는 하나님의 역사에 보조를 맞추기 위해 순간마다 순종의 '선택'을 했고, 성경은 그 선택에 세심하게 주목한다.

어쩌면 우리가 성숙하고 변화되어 가는 여정 속에 결혼이라는 장치가 '도구'로써 필요했을지 모른다. 하나님께서 진정으로 주목하시는 것은 지상의 결혼 그 자체가 아니라, 이를 통해 성숙해 가는 당신의 백성과의 사랑 이야기일 것이다. 본질과 기초는 언제나 하나님과 우리와의 관계성에 있다.

따라서 하나님과의 관계성을 무시한 채 부부만의 안전지대에서 낭만을 추구하는 것이 하나님이 결혼을 통해 원하시는 최종 종착역이 아니다. 육신의 결혼에 대해 '최상급의 행복'을 꿈꾸고 기대하는 것이 이따금 우상 숭배로 변질될 수 있음을 이해해야 한다.

이런 관점에서 보면, 우리 모두에게 완벽한 배우자를 허락하지 않으신 이유가 이해된다. 우리 가정의 전반적인 행복도를 점수로 매기고 좌절하지 않아도 된다. 또한, 평생 변화하지 않을 것처럼 보이는 가정의 현주소를 바라보며, 불행을 탓할 필요도 없다.

하나님이 주목하시는 관점은 결혼 생활에서 하나님의 뜻을 발견하기 위해 고군분투하고 있는 우리의 깊은 내면의 몸부림 그 자체다. 결혼 생활을 통해서 우리의 영혼이 진정으로 거듭나고 새로워지기를 바라시는 것이다. 복음이 무엇인지, 죄가 무엇인지, 예배와 '하나님 사랑'이 무엇인지 깨닫기를 원하신다.

가장 중요한 목표는 결혼 생활을 통해서도 하나님께 복종하고자 하는 우리의 의지다. 현실감 넘치는 이 결혼 생활의 역동 속에서, 하나님을 향한 중심이 아주 구체적으로 새로워지는 씨름이다. 하나님의 입장에서는 우리가 당신을 신뢰해 나가는 과정의 변화가 가장 주목할 만한 역사적 사건이다. 우리가 조금씩 하나님을 향한 변화에 마음을 열 때마다, 하나님께서 얼마나 기뻐하시며 우리를 바라보고 계실지 그분의 마음이 느껴지길 바란다.

[그림1-4] 공사장에서 감독관 예수님의 지시를 받고 있는 부부

성경적인 인간관은 '전적 타락'이다. 우리의 가정도 예외는 아니다. 기본적으로 완벽한 이상향을 기대하면 비현실적일뿐더러, 큰 좌절을 맛보기 쉽다. 전적으로 타락한 두 사람이 하나님 안에서 회복해 나가는 여정과 태도에 언제나 초점을 맞추어야 한다.

이제부터는 하나님이 원하시는 대로 결혼 생활에 임하는 데 필요한 '순종'의 자세를 점검해 보고자 한다. 공사장에 들어간 부부가 감독관의 지시를 경청해야 하는 것은 가장 기본적인 마음가짐이다. 감독관의 명령과 질서 체계가 무너진다면, 다른 논의는 의미를 잃게 된다. 그래서 순종에 관한 태도를 이 책의 초반부에서 반드시 짚고 넘어가야 한다고 생각했다.

우리가 흔히 '순종'이라는 단어에 대해 가지는 오해와 그 진정한 의미를 함께 다룰 예정이다.

4 결혼 생활에서의 신앙 개념 적용
유교식 순종과 불교식 순종의 오류

순종에 대한 질문

사례 : 지혜는 모태 신앙이었지만, 결혼 문제만큼은 하나님께 전적으로 맡기기가 쉽지 않았다. 가부장적인 아버지 밑에서 자란 자매는 남편에게 가장 중요한 부분은 '온유한 성품'이라고 믿고 있었다. 비신자인 남편을 만났을 때, 교회 다니는 남자들보다 성품도 능력도 좋아 보였다.

물론, 교회를 다니지 않는 부분이 마음에 걸려서 하나님의 뜻을 묻기 위한 기도를 하지 않았던 것은 아니다. 그렇지만 끝까지 하나님의 음성을 확인하지는 않았다. 하나님보다 한 발 앞서서 스스로의 의지대로 선택한 결혼이었다.

신혼 초에는 남편이 같이 교회에 나왔고, 큰 문제가 되지 않는 듯했다. 그런데 첫째 아이를 출산한 후부터 본격적인 갈등이 불거졌다. 남편이 자녀까지 기독교인이 되는 것은 반대한다고 주장을 하기 시작했다. 설상가상으로 시댁 어른들은 아이를 절에 데려가고 싶어 하셨다. 주일 아침마다 냉전은 계속되었고, 남편과 시댁 사이에서 아이를 지키기 위해서 영적 싸움이 불가피함을 느끼게 되었다.

지혜는 함께 예배드리러 나오는 평범한 크리스천 부부들이 그렇게 부러울 수가 없었다. 기도를 드리면서, 하나님 앞에서 한 번도 제대로 된 순종을 한 적 없이 살았던 지난 삶을 깨닫게 되었다.

"내가 주인 되어 주도했던 내 삶을 내려놓습니다. 앞으로 우리 남편과 아이를 하나님께 맡깁니다."

위 사례와는 달리, 배우자 기도를 통해 결혼을 시작한 부부도 있다. 그러나 그것만으로는 충분치 않다. 앞으로의 결혼 생활에서도 지속적으로 하나님 앞에 묻고 반응해야 한다. 설계도를 지으신 예수님께 순종하지 않는다면, 모래 위의 지은 집이 되는 것은 시간문제다.

만약 결혼 생활 중에 하나님이 다음과 같은 순종을 요구하신다면 어떻게 선택할 것인가?

- 남편을 존경하고 아내를 사랑하라는 말씀이 떠오른다. 속으로는 남편을 무시하고 아내에게 요구만 하고 싶다. 순종할 수 있겠는가?
- 당신의 자녀 계획이 한 명이었는데, 하나님이 둘을 더 낳으라는 감동을 주신다. 순종할 수 있겠는가?
- 배우자와 싸우고 며칠째 냉전 중이다. 예배 시간에, 먼저 사과하라는 설교가 마음을 울렸다. 순종할 수 있겠는가?
- 배우자와 의견이 다른 문제가 있었다. 배우자 주장과 일치하는 성경 말씀을 묵상했다. 순종할 수 있겠는가?
- 배우자에게 상처를 받고 마음을 닫은 지 오래되었다. 하나님이 용서에 관한 말씀을 주신다. 순종할 수 있겠는가?
- 배우자에게 솔직한 영적인 나눔을 해본 적이 없다. 속마음을 꺼낼 용기가 나지 않지만, 하나님이 용기를 주시는 것 같다. 순종할 수 있겠는가?
- 배우자의 가족을 섬기는 문제로 갈등하고 있다. 소통을 단절하고 싶은 마음이 굴뚝같다. 하나님이 그러지 말라고, 도와주시겠다고 말씀하신다. 순종할 수 있겠는가?

'순종'이라는 개념은 크리스천들 사이에서 오해를 가장 많이 받는 단어다. 이는 유교식 순종과 불교식 순종을 기독교와 혼동하기 때문이다. 유교와 불교가 기독교적 순종과 어떤 점이 다른지 살펴보자.

유교식 순종

사례 : 자매는 속으로 남편을 무시하는 마음을 품고 있었다. 남편의 말투나 행동이 어리숙해 보이고, 자신에게 애정을 표현하지 않는 남편에게 실망과 냉소가 쌓였다. 하지만 그녀는 자신의 이런 마음을 모두 드러낼 경우 부부 관계에 큰 금이 갈 것을 잘 알고 있었다. 게다가 성경 말씀에서 '남편을 존경하라'고 한 구절을 지켜야 벌을 받지 않을 것 같았다.

"역시 우리 당신이 최고야."라고 그녀는 말하지만, 그 말 한마디 한마디가 자신의 진심과는 거리가 멀었다. 남편이 칭찬에 기뻐하며 어깨를 으쓱거리는 모습을 볼 때면, 그녀는 속으로 피식 웃으며 생각했다. '내 말에 이렇게 쉽게 넘어가다니. 참 단순하네.'

특히 그녀는 다른 사람들 앞에서는 부부로서의 이미지를 철저히 관리했다. 교회에서나 모임에서, 그녀는 남편에게 평소에 하지도 않는 존댓말을 사용하며 존중하는 아내의 모습을 연기했다. "여보, 그렇게 하면 되겠어요?"라며 공손히 묻거나, "우리 남편이 이런 일에는 정말 능숙해요."라고 추켜세우는 말을 했다. 그녀는 생각했다.

'이 정도면 괜찮아 보이겠지. 그래, 아무한테도 들키지 않을 거야.'

이 사례의 자매는 유교적인 순종을 하고 있다. 유교는 마음의 진정성은 외면한 채 형식만을 중시한다. 겉으로는 부부 관계가 평온해 보일지 모르지만, 내적 감정과 외적 행동의 괴리는 반드시 문제를 유발한다.

그녀 자신뿐만 아니라 남편도 그녀의 언행이 연기임을 느낄 수밖에 없다. 둘의 마음은 급속도로 멀어지고, 집에서는 미묘한 냉랭함이 흐른다. 이렇듯 마음을 접어 두고 규칙을 지키기는 데에만 초점을 맞춘다면, 진실한 관계는 성립할 수 없다.

성경에서는 이런 순종을 안 하느니만 못하다고 말한다. 예수님도 이런 사람들의 앞에서 민망할 정도로 드러내 놓고 책망하셨다. 바로 '바리새인 적' 신앙이다. 크리스천이라면 다른 것은 몰라도 '진실성'은 목숨처럼 지켜야 한다.

순종하기 어렵다면, 차라리 하지 않는 게 백배 천배 낫다. 하나님 앞에서는 절대로 마음을 가려서는 안 된다. 가식이나 외식, 이중성은 신앙생활의 뿌리부터 흐리는 중대한 죄다. 꾸며진 마음은 하나님과 다른 이웃, 자기 자신도 철저하게 기만한다. 억지로 하는 순종은 기독교가 아닌 유교적인 방식임을 꼭 기억해야 한다. 기독교는 결코 거짓을 요구하지 않을뿐더러, 거짓을 경멸하기까지 한다는 점을 반드시 기억해야 한다.[1]

---

1 주의 법도들로 말미암아 내가 명철하게 되었으므로 모든 거짓 행위를 미워하나이다 (시19:104)

불교식 순종

불교는 유교와 달리, 규칙을 무조건 지키라고 요구하지 않는다. 유교에서는 간과한 '마음'을 강조한다. 또한 경전을 통해 스스로 합리적이고 자발적으로 선택해서 판단할 것을 권장한다. 그러나 이 또한 오류가 있다.

사례 : 도윤은 예배당 안에서 가만히 손을 모았다. 빛바랜 성경 위로 시선을 내리깔고 있었지만, 그의 마음은 고요하지 않았다. 성경 구절을 읽는 척하며, 그는 속으로 자신을 다잡았다. '분노는 독이다. 감정을 다스려야 한다. 아내의 말에 흔들리지 말자.' 그는 속으로 성경을 읊조리며 자신을 진정시키려 애썼다.

하지만 도윤의 옆자리에 앉은 아내 혜주는 남편의 그 모습에 오히려 짜증이 치밀었다. 도윤은 언제부턴가 이런 식이었다. 자신을 깊이 몰아넣으며 침묵 속에서 무언가를 견디는 듯한 태도. 혜주는 그가 자신을 무시한다고 느꼈다. 도윤이 예수님의 삶을 본받겠다며 자기 성찰에만 몰두하는 모습은, 그녀에게는 너무나 차갑고 이기적으로 보였다.

"왜 이렇게 날 먼 사람처럼 대해? 네 신앙이랑 나랑은 같이 갈 수 없는 거야?" 혜주가 여러 차례 물었지만, 도윤의 대답은 늘 같았다.

"내가 먼저 평안을 찾아야 네게 사랑을 줄 수 있어. 그러려면 나 자신부터 다스려야 해."

그 말은 얼핏 보면 올바른 논리처럼 들렸지만, 혜주의 입장에서는 핑계처럼 들렸다. 도윤이 몰두하는 건 신앙도 아니고, 관계도 아닌 자기 자신뿐인 것 같았다. 그의 시선은 언제나 자기의 마음만을 향해 있었고, 그녀를 제대로 바라보는 여유가 없었다.

도윤은 분노를 완벽히 다스리고 싶었다. 그의 목표는 단순했다. 더는 아내의 말이나 행동에 흔들리지 않는, 성숙한 신앙인이 되는 것이었다. 하지만 그 과정은 그를 점점 더 고립시켰다. 혜주와의 대화는 점점 사라졌다. 서로를 바라보며 추억을 쌓는 시간은 그에게 점점 중요하지 않아졌다. 아내는 그저 그의 평온을 흔드는 시련처럼 느껴질 뿐이었다. 혜주는 남편을 지켜보며 자신이 서서히 관계에서 지워지고 있음을 느꼈다.

위 사례의 남편은 기독교를 불교처럼 믿고 있다. 그는 "이웃사랑"이라는 가르침을 실천한다고 믿었지만, 정작 그의 가장 가까운 이웃인 아내는 그의 손길을 느끼지 못하고 있었다. 불교는 지나치게 인간을 이상적인 위치에 둔다. 성찰과 수행을 열심히 반복한다 해도, 죽을 때까지 결코 완전한 '해결책'에 도달할 수 없다. 이 끝은 과대하게 비대해진 자아와 이웃과 참된 관계의 단절이다.

기독교적 순종은 불교식 순종과 근본적으로 다르다. 완벽한 분노

다스리기와 예수님 닮아 가는 삶을 병적으로 추구하는 것은 기독교가 아니다.

기독교는 우리가 하나님의 기준에 미치지 못할 수밖에 없음을 겸허히 인정하는 데서 출발한다. 그러나 여기서 멈추지 않는다. 자발적으로 하나님의 기준을 선택하기 위해 손을 뻗는다. 바로 이 순간, 손을 잡고 도우시는 하나님과 접촉하게 된다. 하나님 손에 이끌려, 스스로는 결코 도달할 수 없던 기준을 성취하게 된다. 마치 마법과도 같다.

기독교는 순종할 수 있는 능력 또한 부어 주시는 성령님과의 교제가 포함되어 있다. 고군분투하지 않아도 된다. 착한 척할 필요 없다. 하나님의 도우심을 구하고, 순종할 힘을 얻기 위해 은혜의 보좌 앞에 나아가기만 하면 된다.

결론이다. 유교는 '자발적인 마음'이 빠졌고, 불교는 '온전한 실천'이 빠졌다. 유교는 지나치게 '공동체' 중심적이고, 불교는 지나치게 '자기' 중심적이다.

그러나 기독교는 이 한계를 '예수님' 안에서 단번에 해결한다. 우리에게는 '성령님'이 친히 도와주신다는 약속이 있다. 너무나도 쉽다. 마치 자동차 운전을 할 때, 연료를 공급해 주고 길도 알려줄 테니 액셀만 밟고 나아가면 된다고 말하는 격이다. 성령님을 의지하기만 한다면, 보장된 지름길이다. 드디어 자기 자신과 타인을 동시에 사랑할 수 있는 어렵고도 까다로운 기준을 성취할 수 있다.

결혼 현장에서의 순종

다시 가정 사역이라는 건축 현장으로 돌아가 보자. 한 쌍의 부부가 밝은 표정으로 건축 공사를 하고 있다. 부부는 함께 협력하며 집을 짓고 있는 모습이다. 남편은 망치를 들고 기둥을 고정하고, 아내는 도면을 들고 웃으며 그를 돕고 있다. 집 주변에는 나무와 하늘이 푸르게 펼쳐져 있고, 그들 머리 위에는 예수님이 두 팔을 벌려 축복하시는 모습이 은은하게 보인다.

공사장의 모든 에피소드가 항상 좋은 것으로 채워지는 것은 분명히 아닐 것이다. 때로는 발을 헛디디기도 하고, 상대방을 다치게 하는 아픔을 겪기도 한다. 죄책감에 잠 못 이루는 밤도 있을 것이고, 분노로 타오르는 화재 현장도 만나게 될 것이다. 제대로 공사가 진척되지 않는 답답한 순간도 있을 테고, 예수님의 지시에 순종하고 싶지 않아 고집을 부릴 때도 있을 것이다.

그러나 이러한 공사 작업을 통해, 청년의 때에는 피해 갈 수 있었던 부분을 정면으로 마주하게 된다. 이 과정에서 우리 부부가 더욱 하나님 앞에 서게 된다. 다른 사람들 앞에서는 '어른'처럼 행동했지만, 미성숙한 부분이 벌거벗겨지고, 마음의 정결함을 회복하는 시간을 갖게 된다. 배우자가 나에게 요구하는 지점을 고민하면서, 자기 모습을 깊게 성찰할 기회를 얻게 된다.

이 과정은 결코 고되기만 한 것이 아니다. 공사 작업을 하나님께 순종하는 자세로 이어간다면, 그 여정 자체가 귀한 추억이 된다. 둘이 나란히 공사 작업을 하며 쉬는 시간에 맛보는 밥 한 끼, 피난처를 삼아 나누는 대화 시간, 함께 부르는 노동요, 점점 합이 맞추어져 가는 희열, 그리고 점점 완성되어 가는 집을 보며 얻는 보람과 성취감의 순간들.

[그림1-5] 예수님께 순종하며 공사장에서 추억을 쌓는 부부

점차 연차가 쌓이면서, 우리 부부만의 집이 세워져 가는 그림을 보는 기쁨을 누리게 될 것이다. 중년에 이르면, 집의 큰 틀은 그대로 유지된 채, 가끔 하는 보수 공사만으로도 충분해진다. 부서지는 부분이 있다고 하더라도, 어떻게 다시 세워야 할지 그 방법을 이미 숙지한 상태라 어렵지 않다.

이렇듯 모든 과정을 예수님께 '순종'하려는 마음의 동기로 시작했다면, 그 결과는 무조건 보장된다.

가정 사역이란?

어둠 → 빛

지옥 → 천국

사단이 주인공 → 하나님이 주인공

정죄 → 죄의 용서와 뉘우침

전적 타락한 인간 → 하나님의 형상으로 회복

왜곡된 자아상 → 건강한 자아상

미성숙한 어린아이 → 성숙한 성인 자아

그야말로 '천국 같은 가정'은 하나님이 주인 되시고 통치하시는 가정이 되어야만 가능하다. 다른 방법은 지구상에 존재하지 않는다. 가장 최상의 정의와 평강, 기쁨이 넘치는 곳은 '하나님의 나라'이기 때문이다. 이를 만들어 가는 과정이 '가정사역'이다. 이는 부부가 하나님 앞에 순종하는 걸음을 선택하고, 죄를 고백하며, 빛의 자녀 답게 행하는 모든 언행을 통해 완성된다. 이처럼 '하나님께 순종'이라는 가치는 우리의 결혼 생활을 뒷받침해주는 유일무이한 기초가 된다.

기대되지 않는가? 우리 부부가 예수님과 함께 얼마나 눈이 부실 정도로 아름다운 집에 살게 될지 말이다!

5. 추가 심화 내용
꼴깍 꼴깍 죽느냐 사느냐

순종 감수성 테스트

다음은 "순종"에 관해 대립하는 두 개의 의견이다. 상반되는 문장 중에서 내가 더 옳다고 생각하는 문장을 골라보자. 그리고 왜 그 문장을 택했는지 이유를 설명해 보자.

1.
우리는 예수님의 종이기에 마땅히 순종해야 한다.

VS

우리는 예수님의 자녀이기 때문에 웬만한 불순종도 이해하고 넘어가 주신다.

2.
혹시라도 하나님 뜻을 거스르는 것이 될까 봐 두렵고 떨리는 마음이 중요하다.

VS

지금 순종하지 못할지라도 하나님의 용서를 믿는 자유한 마음이 중요하다.

3.
언제나 하나님 뜻에 100% 온전하게 순종해야 한다.

VS

일부분의 순종일지라도 순종하지 않는 것보다는 낫다.

4.
내키지 않고 고민이 되더라도 결국엔 순종으로 나아가야 한다.

VS

순종하지 못한다고 하더라도 하나님의 큰 섭리 가운데 보완해 주시기 때문에 괜찮다.

    위의 문장들을 살펴보면, 전자는 전자끼리, 후자는 후자끼리 묶을 수 있다. 두 그룹에는 공통점이 있다. 당신이 선택한 답안 중에 전자가 많았는지, 후자가 많았는지 꼭 점검해 보자.

    전자는 우리 자신의 결단 내용이 되어야 마땅하고, 후자는 하나님

심리학하는 교회언니 헵시바의 **결혼상담**

관점에서 우리에게 내려 주시는 은혜의 선물임을 고백할 수 있다. 전자는 하나님의 '심판'과 관련이 있고, 후자는 하나님의 '긍휼하심'과 관련이 있다. 그렇다면 어느 쪽이 더 바른 방향이라고 생각하는가?

정답은 두 관점을 모두 균형 있게 받아들이는 것이다. 한쪽으로 치우치면 신앙생활이 건강하지 못한 상태다. 하나님의 공의와 긍휼을 동시에 감사와 찬양으로 받아야 한다.

만약 전자를 더 많이 선택했다면, 다음을 고민해 보자. 하나님은 악한 이단 교주가 아니시다. 결코 억지로 유교적인 순종을 강요하지 않으신다. 하나님에 대한 이미지가 지나치게 엄격하지 않은가? 또한 육신의 부모님과 하나님의 모습을 연결 지어 생각하고 있지는 않은가? 하나님은 우리가 '죄인' 되었을 때, 이미 우리를 사랑하기로 결정하셨다. 우리의 죄와 연약함, 실수까지도 모두 계산에 넣고 계셨다. 하나님에 대한 마음이 경직되어 있다면, 그 원인을 깨닫게 하시고 치유해 주시기를 기도하자.

반면, 후자를 더 많이 선택했다면, 순종에 대한 감수성이 부족할 가능성을 고민해 보아야 한다. 하나님의 뜻대로 하기보다는 내 뜻에 대해 핑계를 대는 경우가 많지 않은가? 혹은 상황을 지나치게 합리화하며 자신을 정당화하는 태도를 점검해 보자.

특히, "하나님도 내 행복을 바라시지 않겠는가?"라는 반문은 자주 하는 말 중 하나다. 이는 반은 맞고 반은 틀리다. 하나님은 인격적으로 우리를 돌보시는 분이지만, 동시에 우리를 끊임없이 훈련하고 가르치시기를 원하신다. 육신의 부모도 사랑하는 자녀의 '교육'에 관심을 기울일 수밖에 없지 않는가. 삼촌이 아니고 '아버지'이기 때문이다.

따라서 하나님의 도를 지키고 행하는 것이 '나의 행복'보다 근본적인 방향성이 되어야 마땅하다. 순종을 통해서만 성숙의 지점에 닿을 수 있음을 기억하자. 결국, 이렇게 얻은 성숙만이 얄팍한 쾌락을 넘어서는 진정한 행복을 가져다줄 힘이 있다.

내가 예수님께 순종하는 이유

나의 예수님은 한 번도 무언가를 강요하신 적이 없으셨다. 기도를 게을리했을 때도, 말씀과 멀어졌을 때도 신기할 정도로 나에게 채찍질하시지 않으셨다. 물론, 하나님 안에서 죄를 깨닫게 해주신 적은 많다. 마음의 부담을 주시기도 한다. 여기서 내가 말하고 싶은 것은 그럼에도 불구하고 하나님이 늘 나에게 '선택권'을 주셨다는 것이다.

인간적인 계산으로는 힘들었던 순종일수록 예수님은 항상 나를 기다려 주셨다. 내 마음의 중심이 움직일 때까지 결코 몰아세우신 적이 없으셨다. 그런 예수님께 감동한 만큼 더 사랑에 빠져 버렸다. 물론, 이렇게 할 수 있는 힘 또한 전부 하나님의 은혜 뿐임을 고백할 수밖에 없다. 모든 것이 은혜인데, 순종을 기특하게 여기셔서 더 큰 은혜를 준비해 주신다.

솔직히 처음 믿기 시작했을 때는, 하나님께서 축복을 극적으로 부어 주신다고 느끼지 못했다. 오히려 고난이 훨씬 많아 그것이 힘들게만 느껴졌다. 도대체 광야의 시간이 언제 끝나는지에 집중했던 것 같다. 하지만 하나님은 그 고난의 과정을 통해 나를 '순종'하는 자녀로 빚어가셨다.

당장에는 아무런 열매도 맺히지 않았다. 오히려 주변 사람들의 비웃음과 멸시가 있었고, 마음이 무거웠던 때도 많았다. 그런데 때가 찼고, 어느 순간부터 내 삶의 구석구석에서 하나님이 주시는 선물들이 굴비처럼 엮어 들어오기 시작했다. 주변 지인들은 놀라움을 감추지 못했다. 하나님께서는 지난 시간 동안 내가 드렸던 '순종'의 제사를 하나도 빠짐없이 기억하신다는 감동을 주셨다.

선순환이 반복되면서, 순종 이후의 보상에 대한 확신이 생겼다. 나도 모르는 사이에 자발적으로 순종하는 사람으로 변해 있었다.

죽음에서 생명으로

그러나 나는 여전히 완전한 순종을 드리지 못하는 한계점도 늘 마주하고 있다. 순종의 걸음은 항상 가볍지 않다. 히브리서에는 예수님도 아들이심에도 불구하고 순종을 배우는 과정이 쉽지 않았다고 고백하셨다. 우리는 얼마나 많은 훈련이 필요할까.

잠시 요한복음 2장에서 나오는 가나 혼인 잔치의 이야기를 묵상해 보자. 워낙 유명한 이야기다. 결혼식장에서 예수님이 물을 포도주로 변하게 하셨다. 포도주는 우리의 삶에 흥을 돋아주는 용도로 상상해 보면 된다. 가장 기대가 부풀어 있을 혼인 잔치에 포도주가 떨어졌다. 보통 부부들도 기념일에 많이 싸운다는 이야기가 있다. 평소보다 더 좋은 날이 되고 싶은 날에 흥이 갑자기 깨어져 버렸다. 그 실망감과 좌절은 상상 이상으로 깊을 수 있다. 우리 부부가 믿음의 결혼 생활을 시작했는데, 얼마 안 가 모든 감정이 곤두박질 친다면 어떤가. 인생의 재미를 기대할 수 없는 이런 상황에서 우리는 예수님이 필요하다.

사흘째 되던 날 갈릴리 가나에 혼례가 있어 예수의 어머니도 거기 계시고
예수와 그 제자들도 혼례에 청함을 받았더니
포도주가 떨어진지라 예수의 어머니가 예수에게 이르되 저들에게 포도주가 없다 하니 (요2:1-3)

이제 예수님이 등장하신다. 하인들에게 물 항아리 아구까지 물을 가득 채우라고 지시하신다. 성경에서 물은 두 가지 의미로 쓰인다고 한다. 생명 혹은 죽음이다. 여기서 '물'이 상징하는 의미는 생명이겠는가 죽음이겠는가. 우리가 예수님의 기적을 바라며, '생명'을 채워야 하겠는가, '죽음'을 채워야 하겠는가.

거기에 유대인의 정결 예식을 따라 두세 통 드는 돌항아리 여섯이

놓였는지라

 예수께서 그들에게 이르시되 항아리에 물을 채우라 하신즉 아귀까지 채우니 (요2:6-7)

'꼴깍 꼴깍 꼴까악..'
 물이 차오르는 시간은 생명이 아닌 죽음의 시간이다. 순종의 과정은 죽음을 채우는 시간이다. 꼴깍 꼴깍 물이 채워지는 소리는, 꼴깍 꼴깍 죽음에 다다르는 시간처럼 느껴진다. 게다가 '아귀까지' 채워야만 한다. 끝까지 온전한 분량으로 순종의 발을 내딛어야만 한다.
 이토록 순종은 쉽지 않다. 그 죽음의 시간이 기약이 없이 계속 되기만 한다면, 어느 누가 죽음을 택할 용기를 가지겠는가. 우리 모두 순종이 자아의 죽음과 관련 되어 있기에, 쉽게 결단하지 못함이 어쩌면 당연한지도 모른다.

 연회장은 물로 된 포도주를 맛보고도 어디서 났는지 알지 못하되 물 떠온 하인들은 알더라 연회장이 신랑을 불러 말하되 사람마다 먼저 좋은 포도주를 내고 취한 후에 낮은 것을 내거늘 그대는 지금까지 좋은 포도주를 두었도다 하니라 (요2:10)

 그런데 이 이야기는 분명히 기적이 일어났음을 보여 준다. 아귀까지 물을 채우는 어려운 순종을 선택했던 하인들은 '알게 되었다.' 예수님이 우리를 죽이시려는 게 아니라, 살리시기 위해서 순종을 요청하셨다는 사실을 말이다. 그러나 멀찌감치 있던 연회장은 그저 좋은 포도주를 받아 들고, 의아하고 당황스럽만 했을 거다. 기적의 수혜자였음에도 불구하고, 예수님을 향한 믿음도 제자리 걸음이었을지 모른다.

기독교는 항상 죽음 이후의 부활을 말한다. 물이 결국 포도주로 변한 기적을 말한다. 우리가 예수님의 뜻대로 십자가의 순종의 선택을 마다하지 않는다면, 반드시 생명력이 터지는 기적이 일어난다는 격려가 담겨 있다.

이 이야기의 하인들처럼, 예수님께 순종하는 자들은 하나님의 일하심이 무엇인지 분별할 수 있는 깨달음을 선물로 주신다. 매일 순종의 걸음을 기꺼이 선택하는 자들에게는, 평범해 보이는 모든 순간에 숨겨진 기적을 발견하는 영안이 뜨인다.

4장 첫 부분에 했던 질문을 다시 하고 싶다. 하나님이 당신에게 내키지 않는 순종을 요구하신다면 어떻게 하겠는가? 배우자에 대해 냉랭한 마음이 있는데 용서를 선택할 수 있겠는가? 자녀 계획과 진로 계획, 이사 계획에 있어서 하나님의 뜻을 먼저 물을 수 있겠는가? 응답해 주신 대로만 반응할 수 있겠는가?

아직도 '순종'이란 단어가 거부감이 드는 경우도 있을 수 있다. 순종이 우리에게 덫이 된다는 잘못된 생각은 누가 주입했는지 분별해야 한다. 사단은 우리 생각에 거짓을 집어넣는 데에 선수다.

오히려 하나님께 불순종하고 죄에 굴복하며 사는 삶이 악순환의 쳇바퀴다. 죄의 기본 전제는 불순종이다. 내 멋대로 배우자에게 분풀이를 해봤자 남는 게 뭐가 있겠는가. 배우자를 두고 다른 상대를 탐하는 마음이 평안하겠는가. 세상은 영혼에 지나친 도파민을 주입해서 살아가는 삶을 '자유'라고 말한다. 그러나 실상은 욕망이라는 출구 없는 감옥에 갇혀 있는 꼴이다.

하나님께 순종하는 길은 표면적으로는 죽음으로 보인다. 지루하고 힘겹고 고된 선택인 것 같다. 그렇지만 그 이면을 봐야 한다. 예수님의 십자가는 반드시 부활을 가져 온다. 이는 우리의 믿음에서 가장 큰 부분을 차지해야 하는 대원리다.

만일 여호와를 섬기는 것이 너희에게 좋지 않게 보이거든 너희 열조가 강 저편에서 섬기던 신이든지 혹 너희의 거하는 땅 아모리 사람의 신이든지 너희 섬길 자를 오늘날 택하라 오직 나와 내 집은 여호와를 섬기겠노라 (수 24:15)

Chapter 2.
개구리의 독립

1. 결혼 현실 수용하기
정말 독립했다고요? 아닐텐데

독립했다는 착각

1부에서는 예수님께 순종하면서 가정을 세워 나가기로 다짐했다. 그럼, 무엇에 순종해야 하는가? 물론, 성령님의 인도하심에 따라 구체적인 선택을 해야겠지만, 성경에 명확하게 제시된 영역이 있다. 그중에서 결혼에 관한 가장 첫 번째 예수님의 명령은 이것이다.

> 그러므로 사람이 부모를 떠나 그의 아내와 합하여 그 둘이 한 육체가 될지니 (엡5:31)

한 번쯤 들어봤을 법한 부모로부터의 '독립'이다. 하나님의 아주 구체적인 말씀이기에, 이 점을 어기면 부부에게 반드시 부작용이 일어나게 되어 있다. 그런데 '독립'이라는 단어를 듣자마자, 자신들과는 상관없는 문제라고 여기는 부부들이 많다. 물리적, 경제적으로 분리되었기 때문이다.

그러나 독립 문제는 생각보다 간단하지 않다. 나는 이 책을 쓰면서, 독립 파트를 쓰는 데 가장 많이 신경을 썼다. 그리고 우리 부부에게도 여전히 독립 문제가 있다는 점을 발견했다.

간단한 예로 '방문 잠그기'에 대한 사소한 규칙도 달랐다. 남편은 방문을 닫으면 안 되는 가정에서 자랐고, 나는 반대였다. 이렇게 사소해 보이는 가족 규칙[1]도 원가족의 방식에만 집착하면 건강한 대화가 어렵다.

또한 원가족으로부터 봐온 그대로 '남자'와 '여자'의 역할을 규정하고, 그 방식을 배우자한테 그대로 요구하는 경우가 허다하다. 평생 가장 가깝게 지켜본 유일한 '이성'이기에, 둘을 연결 짓는 오류는 아주 흔하다. '남자는 원래 이래, 여자는 원래 이래'라고 생각하는 신념은 도대체 어디에서 출발했는가를 재고해야 한다. 원가족의 관점은 좀처럼 새롭게 해석되기 어려운 지점이다.

결혼 상담자들 사이에서 자주 언급되는 말이 있다. 한 집에 부부

---

[1] 사티어에 따르면 대부분의 인간은 비합리적인 규칙에 얽매여 비인간적인 삶을 살고 있으며, 이러한 규칙은 자아존중감에 부정적인 영향을 미친다. 규칙에는 합리적이고 융통성이 있으며 인간적이어서 개인의 성장에 도움이 되는 규칙이 있는 반면, 도움이 되지 않는 규칙도 있다. 부모는 자라면서 자신의 부모에게서 배운 규칙을 현재의 가족에게 적용한다. 그러나 부모는 각기 다른 가정에서 태어나고 자라면서 그 가운데서 통용되어 온 규칙을 배웠고 그 규칙에 익숙해 있으므로 현재 가족에서 자녀를 키울 때는 부부의 규칙이 상치되어 자녀에게 혼란과 갈등을 줄 수 있다. 정문자 외, 『가족치료의 이해』, 학지사, 2013.1.25. p.181

둘만 사는 것이 아니라 총 6명이 산다는 것이다. 상대방의 부모님까지 합쳐서 총 6명이 되는 것이다. 재혼 가정일 경우에는 그 이상일 수도 있다.

[그림2-1] 한 집에 양가 부모님 포함 6명이 동거하는 독립되지 못한 상황

건축을 하면 기초공사부터 시작해야 한다. 이는 공사장에 단 세 사람만 있어야 한다는 규칙이다. 부부와 예수님 외에 다른 사람은 빠져야 한다. 수많은 결혼이 이러한 '기초'를 제대로 닦지 않아서 무너진다. 이 작업은 생각보다 은밀하고 고되며 섬세하고 외로운 작업이다. 배우자의 도움이 강하게 필요한 영역이기도 하다.

'당신이 믿고 있는 신념은 진리가 아니야. 우리 가족이 반드시 당신 부모님의 신념을 따를 필요는 없어. 우리는 우리 가정만의 새로운 규칙을 정해 보자.'

반드시 기억해야 한다. 공사장에 부부와 예수님 외에 양가 부모가 영향력을 행사하고 있다면, 공사장이 난잡해지고 공사가 지연된다. 독립은 예수님의 명령이다.

독립 이해 테스트

다음 사례들이 건강하게 독립한 사례인지 아닌지 OX로 답해보자.

1. 배우자가 부모님을 자주 찾아뵙는 횟수에 불평하는 모습이 너무 화가 난다. 조금 알아서 잘 섬겨줄 수는 없는 건지 속상하다. (O, X)

2. 우리 부모님께 용돈 드리기 위해서 배우자 몰래 돈을 모아두었다. 역시 우리 집은 내가 알아서 챙겨야 할 것 같다. (O, X)

3. 부모님이 우리 집에 방문할 계획을 일방적으로 통보하실 때가 잦다. 부모가 자녀 집에 찾아오신다는데 어쩔 수 없는 일이라고 생각한다. (O, X)

4. 부모님 댁 형편이 넉넉하시다. 그래서 우리에게 정기적으로 용돈을 부쳐 주신다. 이 정도 경제적 후원은 당연하다고 생각한다. (O, X)

5. 다니던 직장을 그만두려고 한다. 배우자도 이 부분에 동의한다. 그런데 부모님이 이 직장에 입사한 것을 너무 기뻐하셨던 기억이 자꾸 발목을 잡아서 망설여진다. (O, X)

6. 나는 결혼 전과 다름없이 원가족과 가까이 지내며 충분한 시간을 공유한다. 믿을 건 가족밖에 없다. (O, X)

심리학하는 교회언니 헵시바의 **결혼상담**

7.   원가족에 대한 결핍이 너무 커서 죽기 직전까지 잊지 못할 것 같다. 어떻게 어린아이였던 나를 그렇게 대하셨을까? 지금 생각해도 너무 억울하고 서럽다. 평생의 한이다. (O, X)

8.   나는 부모님의 잘못된 점을 절대 반복하지 않으리라 다짐했다. 그래서 부모님이 했던 것과 정반대의 행동을 한다. (O, X)

9.   요즘에는 여자가 일을 많이 하니 손주 양육을 도와주시는 부모님이 많은데, 우리 부모님은 왜 이렇게 바쁜 척을 하시는지 서운하다. 이 정도 도와주시는 게 그렇게 어려운 일은 아니라고 생각한다. (O, X)

10.   솔직히 아직은 배우자와 같이 사는 집이 불편하다. 부모님 댁에 방문하는 게 심적으로 더 편하고 내 집처럼 느껴진다. (O, X)

11.   어릴 때부터 부모님은 내가 특정 직업인이 되기를 바라셨다. 동생은 그 직업을 이루었지만 나는 실패했다. 배우자는 지금의 나를 만족해하는 것 같지만, 직업에 대한 열등감이 나를 꼬리표처럼 따라다닌다. (O, X)

12.   아내는 집안일하면서 나한테 생색을 낸다. 우리 엄마는 이러신 적이 없다. 아내가 나를 위해 희생하는 게 당연하다고 생각한다. (O, X)

13.   남편은 경제적으로 얼마나 압박을 받고 있는지 항상 이야기한다. 남편이 당연히 경제적인 부분은 감당해야 하지 않나? 나한테 인정과 표현을 강요하는 것 같아 듣고 있기 힘들다. (O, X)

14.   우리 부모님은 내가 이런 취급을 받을 바에는 이혼하는 게 낫다고 하신다. 부모님 말씀을 듣고 있자니 배우자가 잘못된 부분이 많이 보인다. 부모님 말씀에 따라 이혼해야 할지 고민이 된다. (O, X)

15. 솔직히 시댁(처가)에 갈 때마다 화가 난다. 아들(딸) 교육을 잘못해서 나한테까지 피해를 준 것 같다. 우리 집과는 문화가 너무 다르다. (O, X)

16. 우리 엄마는 아빠가 말씀하실 때 토씨 하나 달지 않으셨다. 아내는 자꾸 내 의견과 다른 주장을 펼친다. 여자가 너무 기가 세다. (O, X)

17. 친정(본가) 형제자매들에게 남편(아내)에 대한 불만을 털어놓고 지낸다. 역시 내 마음을 알아주는 건 친정(본가) 형제들뿐이다. (O, X)

18. 남편은 무심하고 게으른 편이다. 우리 아빠도 그랬는데, 남자는 다 똑같다. (O, X)

19. 얼마 전 상담을 통해 내 원가족의 결핍을 발견했다. 부모님을 만나 당장 사과를 받아내야겠다. 부모님이 제대로 사과하지 않으면 나는 정말 행복하게 살 수 없을 것 같다. (O, X)

20. 당연히 남자는 부엌일을 잘할 수 없다. O, X

21. 부모로부터 인정받고 싶었지만, 언제나 비판만 들었다. 남편에게는 완벽한 모습만 보여주고 싶다. (O, X)

22. 아빠가 욱하는 성격을 닮고 싶지 않았다. 그런데 배우자와 의견이 조금만 달라도 끝까지 이기고 싶은 생각이 치밀어 오른다. 닮고 싶지 않았던 아빠의 모습을 닮아버렸다. (O, X)

23. 부모님이 나와 오빠를 남아선호사상으로 차별하셨다. 나도 모르게 자식을 낳고 보니 딸보다 아들에게 더 마음이 쓰인다. (O,)X

24. 나는 부모님을 닮고 싶지 않아서 완전히 독립했다. 부모님은 돈을 밝히셨다. 나는 돈과는 거리가 먼 삶을 살고 있다. 부모님과 모든 것을 정반대로 하

는 내 결정은 옳다. (O, X)

25.   평소 나는 여러모로 느린 편이다. 배우자는 아주 급하고 재빠르게 모든 일을 처리한다. 본가(친정)에서는 볼 수 없는 사람의 유형이다. 배우자가 너무 극단적인 것 같다. (O, X)

26.   우리 친정은 한 달에 한두 번 외식하면서 기분을 냈다. 시댁을 보니 무조건 집에서 밥을 해 먹자는 분위기다. 요즘이 어떤 시대인데, 시댁 문화가 너무 낡고 후진 것 같다. (O, X)

27.   부모님이 나를 엄하게 대하셨다. 자식을 낳고 보니 나도 모르게 그렇게 행동하고 있다. 원래 내 기질이 그런 사람이 아닌데도 말이다. (O, X)

28.   아빠는 아플 때 자상하게 마사지해주시고 섬세한 분이셨다. 결혼하고 나니 남편은 내가 아프다고 해도 "내가 더 아파!"라고 말한다. 이런 반응은 상상도 못 했다. 아빠와 너무 비교된다. (O, X)

29.   우리 엄마는 빠릿빠릿하게 일하시는데, 아내는 모든 행동이 느긋하다. 이 점이 결혼하고 나서 무척 마음에 들지 않는다. (O, X)

30.   결혼하고 시댁에 갔는데 어머니 모습에서 내 남편의 모습이 보였다. 그야말로 충격적이었다. (O, X)

31.   가족 문화가 너무 다르다. 솔직히 본가 문화가 훨씬 익숙하고, 처가(시댁)는 이상한 것 천지다. (O, X)

(*정답은 스터디북을 참고하거나 독립 파트에 관한 내용을 끝까지 읽고 이해하면 충분히 맞출 수 있다.)

독립에 관한 오해

Point 1. 이미 독립했다고 착각하는 경우가 너무 많다.

민수는 부모에게서 독립했다고 자부했고, 부모님의 영향을 크게 받지 않는다고 믿고 있었다. 최근 민수와 아내 지혜는 이사를 계획했다. 지혜는 조금 허름하더라도 서울 외곽의 빌라를 원했다. 그런데 민수는 부모님이 추천한 지방의 새 아파트 쪽으로 마음이 기울여지고 있었다. 부부가 아무리 대화를 해봐도 속 시원한 결론이 나오지 않았다.

민수는 자신이 부모님의 의견을 존중하는 것뿐이라고 생각했지만, 사실은 부모님의 기대를 무의식적으로 따르는 경향이 강했다. 민수는 자신이 객관적이고 독립적인 판단을 하고 있다고 생각했다. '난 부모님의 말씀이라고 무조건 듣는 게 아니야. 그냥 그 아파트가 더 나아 보이니까 그런 거야' 그러나 실제로는 부모님의 의견을 무시하는 것이 불편하고, 부모님을 실망시키는 것을 두려워했다. 이러한 두려움이 그의 결정을 부모님께 의존하게 했지만 이를 인지하지 못하고 있었다.

민수처럼 무의식적으로 부모님의 영향을 따르는 경우는 흔히 발생할 수 있다. 결혼 후에도 부모에 대한 기대와 의존성을 벗어나지 못한다. 이처럼 심리적으로 예속된 사례는 발견하기 까다로울 뿐만 아니라, 그 뿌리가 더 깊다. 독립은 자신의 구체적인 의지와 내적 성찰을 통한 점검이 필요하다. 은밀하게 원가족의 신념과 의견, 가치관을 떨쳐 버리지 못한 부분이 남아 있는지 발견해야 한다.

물론 부모님께 물려받은 건강한 가치관을 전부 내던지라는 뜻은 아니다. 하나님으로부터 온 '진리'는 습득되고 전수되는 것만큼 아름다운 방향성이 없다. 독립은 원가족에서 온 건강하지 못한 뿌리, 즉 '비진리'를 제거하는 과정이다. 성경적으로 해석하자면, '육신'의 것들이다. 혹은 굳이 전수받지 않아도 되는 아무 의미 없던 규칙을 버리는 것이다. 아주 사소한 습관과 말투, 행동양식 등 가치판단이 필요하지 않은 문화를 전부 모방하면, 우리 부부만의 유일무이한 집을 짓는데 방해가 된다.

Point 2. 부부가 싸우는 이유의 상당 부분은 부모로부터 독립되지 않았기 때문이다.

결혼 3년 차인 유진과 민호는 최근 들어 자주 다투고 있다. 유진은 결혼 후 민호가 집안일을 더 많이 해주기를 바랐지만, 민호는 자신의 아버지가 집안일하는 모습을 거의 본 적이 없었다. 어느 날, 저녁 식사 후 그릇도 치우지 않는 남편을 보며 불만을 토로했다. "나는 혼자 이 집안일을 다 해야 하는거야?" 민호는 바로 방어적인 태도로 말했다. "나도 이 정도면 많이 도와주는 거 아니야?" 민호는 아버지를 떠올리며, 아버지보다 훨씬 나은 자기 자신을 인정해 주지 않는 유진에게 합리적으로 반박한다고 생각하고 있었다.

민호는 부모님의 행동 방식을 무의식적으로 따라가고 있었지만, 이를 깨닫지 못했다. 민호는 가사 분담에 대한 자신의 소극적인 태도가 아버지에게서 배운 것임을 자각하지 못했다. 민호는 서로에게 기대하는 것에 대해서 부부만의 독립적인 기대와 역할을 세워야 했다.

외면적으로는 남편과 아내 둘이 갈등하고 있지만, 둘의 부모 중 한 사람씩 나와서 자신의 의견을 피력하고 있는 장면을 떠올려 보자. 너무 많은 사람이 등장하면 실마리를 찾지 못한 채 그야말로 모든 것이 뒤엉켜 버린다. 이 경우는 백지상태에서 순수하게 상대방의 마음과 생각을 들을 수 있는 여유가 막혀 버린다. 우리 부부 두 사람만 소통하고 갈등한다면, 연합을 향한 부담이 확연히 줄어든다.

부부싸움을 할 때 '아주 논리적이지 않은 지점'에서 분노가 폭발하는 경우가 있다. 감정이 늘 논리적일 수는 없겠지만, 일반적인 이해의 지점을 한참 벗어나는 경우는 다르다. 배우자는 그야말로 어이가 없고, 대화가 통하지 않는 모습에 크게 실망한다. 결국 부부의 의사소통이 막히거나, 가끔 심하게 부딪힌다. 부부가 어느 신념에 강하게 고착되어 있는지를 발견하고, 원가족에서의 가족 규칙을 건강하고 융통성 있는 방향으로 수정할 필요가 있다.

독립에 관한 3가지 항목

첫 번째 항목: 정서적 독립

사례: 결혼 10년 차인 서은과 재호는 평소에는 큰 갈등 없이 살아가는 부부였다. 그러나 서은의 어머니는 아버지와 결혼생활에서 많은 어려움이 있었고, 늘 남편에게 만족하지 못하는 감정을 서은에게 자주 털어 놓았다. 서은은 어린 시절부터 부모님의 갈등을 지켜보며 자랐고, 어머니가 아버지 대신 자신에게 감정적으로 의존하는 상황이 빈번했다.

어머니는 딸인 서은에게 남편의 문제와 불만을 털어놓고, 마치 딸이 그 문제를 해결해 줄 수 있을 것처럼 기대했다. 결혼 후에도 어머니는 툭 하면 서은을 찾았다. 그럴 때마다 서은은 어머니의 감정을 다 받아주면서 중재자 역할을 자처했다.

그렇지만 정작 서은이 자신의 결혼 생활에서 남편과의 소통은 소홀했다. 남편인 재호에게 마음을 쓰기보다는, '엄마'에 대한 걱정에 늘 사로잡혀 있었다. 남편인 재호에게도 늘 '엄마'에 대한 이야기만 털어 놓았다. 남편은 서은의 태도에 점차 지쳐가고 있었다. 서은은 남편과 점점 멀어지는 것도 크게 눈치채지 못했다. 도리어 자신처럼 엄마를 챙기지 않는 부분이 계속 불만스러웠다.

서은은 어머니의 문제를 해결하려고 애쓰다가, 자신의 결혼 생활에서도 정서적인 여유가 없어졌다. 남편과의 소통과 갈등은 뒷전으로 미루어졌다. 점차 서은은 어머니와의 감정적인 부담을 남편에게도 전가하며, 자신의 결혼 생활을 온전히 돌보는 데 마음을 쓰지 못했다.

'가족 희생양'이라는 심리학 용어을 들어본 적이 있는가? 가족 중 한 자녀가 희생되면서 가족 전체의 평화와 질서가 유지되는 것을 말한다. 주로 역기능적 가정에서 '한 명'이 마루타가 되어, 부모의 문제를 대신 떠안게 된다. 보통은 부모의 고통에 민감하고 다른 사람들과 조화롭게 지내려는 아이가 그 역할을 맡게 된다. 나머지 가족은 '가족 희생양'에게 모든 문제를 전가하고, 관계의 진짜 진실을 끝까지 회피한다.

부부 사이가 좋지 않을 때, 자녀에게 대리로 배우자 역할을 기대하는 경우도 이에 해당한다. 남편에게 받을 수 없는 사랑을 자녀에게 전가한 것이다. 자녀는 성인처럼 무거운 책임을 떠안고, 원래라면 남편이 해야 할 역할을 대신 맡게 된다. 이런 자녀는 결혼 후에도 부모에 대한 책임감에서 자유롭지 못하고, 착취 관계로 남을 가능성이 크다.

두 번째 항목: 기능적 독립

사례 : 영훈과 수정 부부는 두 살 된 아들을 키우고 있다. 영훈은 중소기업에서 일하고 있으며, 수정은 육아 때문에 휴직 중이

다. 결혼 당시 영훈 부모는 출산 후 육아 비용을 일부 지원해 주겠다고 했고, 그 덕분에 경제적으로 안정을 찾을 수 있었다. 아이를 낳고 난 후 영훈의 부모님은 아이를 어떤 방식으로 양육해야 하는지 자주 조언을 넘어선 간섭을 했다. 가끔은 주말마다 예고 없이 찾아와 아이를 보기를 원했다. 수진은 "부모님께 받은 도움은 너무 감사하지만, 이렇게 계속 눈치를 보는 상황이 불편해."라고 말했고, 영훈은 "부모님이 그래도 우리를 도와주시는 건데, 어쩔 수 없지 않냐."라고 얼버무렸다.

원가족에게 지속적으로 기능적, 경제적 지원을 받는 경우가 있다. 부모님이 기꺼이 봉사해 주시는 상황이라면 문제 될 것이 없다고 생각할 수도 있다. 그러나 부모님의 경제적, 기능적 지원은 단지 그 영역으로만 깔끔하게 끝나지 않는다. 반드시 다른 특정 영역에서 경계가 애매모호한 지점이 생길 수밖에 없고, 이는 부부가 꾸리는 가정에 반드시 기형적인 영향을 끼친다.

독립은 부부가 각자의 몫을 온전히 책임지는 것을 말한다. 정기적으로 부모님의 도움이 필요한 상황이 생기는 것은 핑계다. 다시 말하지만, 독립은 '하나님'의 명령이다. 부부가 그 영역을 스스로 책임지지 않아서 선택한 결과임을 받아들여야 한다.

장기적으로 볼 때, 독립되지 못한 영역은 가정에 크고 작은 시한폭탄과도 같다. 물론, 가정의 위기가 있을 때 크고 작은 도움을 받는 것이 잘못된 것은 아니다. 그러나 원가족의 경제적 정서적 지원에 대해서 자유롭지 못하고, 장기적으로 의존되었을 때는 반드시 문제의 소지가 있다. 그동안 받았던 도움이 아무리 달콤했더라도, 언젠가는 성장을 미룬 대가가 돌아온다는 것을 기억하자.

세 번째 항목: 태도적 독립

사례 : 수진이는 어릴 때부터 부모님께 '사람은 첫인상이 중요하다.' '항상 좋은 옷을 잘 갖춰 입어야 한다'라는 가르침을 받고 자랐다. 수진이가 조금이라도 체중이 늘거나 화장을 소홀히 하면, 늘 '요즘 다이어트 안 하니? 사람들이 무시하면 어떡하려고?'라고 충고하셨다. 결혼 후에도 매일 체중을 점검하며 스트레스를 받는 수진을 보고 남편은 "항상 예뻐"라고 말해주었지만, 수진은 외모에 대한 집착을 쉽게 버리지 못했다. 잠을 자고 일어나서도 민수가 볼까 봐 민낯을 보여 주기를 꺼렸고, 두 사람의 관계는 점차 소원해졌다. 민수는 수진이 항상 외모에 집착하는 모습이 답답했고, 수진은 남편이 자신을 이해해 주지 못한다고 생각했다.

수진이 외모에 지나치게 신경 쓰는 것은 부모님의 가치관에 대한 심리적 독립이 이루어지지 않았기 때문이다. 부모님의 기대에 부응하려는 마음이 여전히 남아 있어서, 내면보다는 외적인 것에 더 집중하는 것이다. 남편과의 관계에서 진실한 내면의 소통과 자유한 관계를 만들어 가는 것이 중요하다는 생각을 미처 하지 못하고 있다.

부모님의 신념을 무분별하게 습득한 부분이 있는가. 물질, 지식, 외모, 능력을 숭상하는 분위기가 있었는가. 비진리는 반드시 뿌리 뽑아져야 한다.

비진리뿐만 아니라 신앙도 독립이 필요하다. 부모님으로부터 신앙을 전수받은 것은 큰 축복이다. 하지만 스스로 하나님의 음성을 들을 수 있는 영적 훈련이 되지 않고, 부모님에게만 의존하는 미성숙한 상태는 아닌지 점검해 보자. 청년들을 상담해 보면, 부모님의 신앙과 자녀의 신앙은 크게 상관관계가 없을 수 있음을 보게 된다. 오히려 1세대 신앙인일 경우, 자기 신앙에 있어서 스스로 '책임'지는 자세가 확고한 경우가 많다. 부모님의 신앙이 저절로 나의 신앙이 될 것이라 착각하지 말자. 우리는 모두는 하나님의 심판대 앞에 나 홀로 서게 될 것이다.

2. 결혼 청사진 이해하기
독립은 그런 것이 아니다

시댁 처가 갈등

결혼한 지 5년된 철호와 지은 부부는 시댁 문제로 종종 싸운다. 철호는 부모님을 자주 찾아뵙고 돌보는 것을 당연하다고 생각하는데, 지은은 시댁에 대한 부담감에서 벗어나고 싶어한다. 최근 명절을 앞두고, 철호는 부모님 댁에서 하루 자고 오자고 제안했다. 일년에 두 번 정도는 충분히 해도 된다고 생각했다. 그러나 지은은 명절마다 부모님 댁에서 시간을 보내는 것이 부담스럽고 싫었다. 우리 둘만 잘 살면 되지, 왜 양가 가족까지 신경 써야 하는 것인지, 마음이 어려웠다.

 더군다나 철호는 시댁 이야기만 나오면, 극도로 예민해졌다. 지은이 더 마음이 어려웠던 것은, 시댁만 가면 시아버지가 자신을 냉대하고 있음이 느껴졌기 때문이다. 겉으로 표현하지는 않았지만, 어디에서도 받아보지 못한 따가운 눈총을 느꼈다. 지은을 며느리로서 못마땅하게 생각하고 있는 것 같았다. 정확한 이유도 알 수 없었다.

철호에게 시댁 이야기를 하면, 항상 흥분을 감추지 못했다. 게다가 아빠의 말은 무조건 복종해야 한다고 믿고 있는 철호의 태도도 불편했다. 최근에 시아버지께서 아들을 낳아야 한다는 압박을 가하기 시작했다. 철호도 이에 반박하지 않고, 묵묵히 받아들이고 있었다. 지은은 속이 뒤집어지는 것 같았다.

시댁 처가 갈등은 결혼의 아주 대표적인 갈등 사례다. 위 사례처럼 '미묘한' 형태로 불편함을 느끼는 경우도 잦다. 입장별로 하나씩 쪼개서 분석해 보자.

자녀 입장 :

'독립' 이슈와 맞물려 있는 당사자다. 배우자와 부모 둘 중의 하나를 선택하라는 유치한 싸움이라고 생각하지 말자. 어떻게 둘 중에 한쪽만 선택할 수 있겠는가. 평생 나를 위해 헌신하신 부모님과 원가족에 대한 의무를 등지라는 의미로 받아들여서는 곤란하다. 기독교는 그렇게 비인격적인 종교일 수 없다. 하나님이 독립을 명하신 이유는 따로 있다.

공사장에 원가족이 들어오면 안 되는 가장 큰 이유는 '배우자'가 불편해 하기 때문이 아니다. 배우자 탓으로 생각하면, 배우자에 대한 불만이 멈춰지지 않을 것이다.

원가족의 침범을 가장 불편해 하는 분은 공사장의 감독관이신 '예수님'이시다. 공사장에는 부부와 예수님이 힘을 합해서 해야 할 '사역'이 있다. 이를 뒷전으로 하는 행동은 예수님께 정면으로 반하기 때문이다. 앞서 공사의 가장 중요한 전제는 예수님의 명령 체제를 따르는 것임을 말했다. 다시 말하지만, 예수님의 분명한 첫째 명령이 '부모를 떠나는 것'이다.

유교는 결혼 후에도 배우자보다 부자 관계를 더 중시한다. 예를 들어, 장남은 원가족에 대한 의무를 떠나서는 안 된다. 평생 원가족을 책임지는 굴레에서 벗어나지 못하게 가로막는다. 딸의 경우는 더 어이 없는 상황이 연출된다. 결혼 전임에도 불구하고 아들이 아니라는 이유로 홀대한다. 언젠가는 가문을 떠날 출가외인이라고 여기고, 아들과 차별해서 대우한다. 결국 아들은 평생 무거운 짐에서 자유롭지 못하고, 딸은 존재 자체로 충분히 보호받지 못한 채 버려진다.

이러한 유교적 사고방식으로 인해서, 얼마나 많은 가정이 아픔을 겪고 있는지는 이 책에서 굳이 언급하지 않아도 될 것 같다. 그만큼 아직도 매우 흔한 이야기다. 이는 기독교를 믿고 있다고 하는 집안에서도 엄연하게 벌어지는 일이다. 우리가 진짜 믿고 있는 것이 무엇인지 비판적으로 검토해 보아야 한다.

기독교는 질서있는 사랑과 공평을 강조한다. 부모님 테두리에 있을 때는 부모님께 순종하라고 가르친다. 부모도 자녀를 노엽게 하지 않도록 공평하게 대우할 것을 가르친다. 자녀가 성인이 되면, 부모를 떠날 수 있도록 놓아 주라고 가르친다. 자녀는 부모의 소유물이 아니기 때문에, 더 넓은 지경인 하나님께로 나아가도록 맡겨 드리는 것이다.

이는 부모와 성장한 자녀 모두를 가장 인격적으로 대하는 방법이다. 이 방법으로는 누구도 상처받지 않는다. 중심 없이 기울어진 편파적인 방법이 아니기 때문이다. 성경은 기가 막힌 '진리'다.

기혼자에게는 그 무엇보다 부부의 삶의 경계선이 중요하다. 심정적으로 그렇게 느껴지지 않더라도, 원가족보다는 부부 관계에 집중하는 것이 '지금은' 맞다. 하나님의 명령을 어기고, 배우자를 소외시킨다면 반드시 문제가 터진다. 이는 결코 가볍게 넘어갈 문제가 아니다.

당신은 이제 '성인'이다. 그래서 원가족의 도움과 지원, 권력 체계를 떠나, 당신만의 고유한 영역을 만들어갈 수 있는 능력이 됨을 의미한다. 당신이 '자녀'의 역할에만 집착하는 것은, 자신을 자기 학대하는 것일 수도 있다. 당신 자신에게도 배우자에게 집중하는 편이 건강하지 않은가. 여기에 대해서는 '독립' 파트를 끝까지 읽으면, 더 잘 이해가 될 것이다.

며느리 사위 입장 :

배우자의 독립 문제로 이혼까지 고려할 정도로 심각한 사례가 있다. 이는 배우자의 원가족으로부터 심한 냉대를 당했다거나, 배우자가 독립 이슈에 전혀 협조적이지 않을 때 일어난다.

이 경우에는 우선, 배우자에게 당신과 원가족 중에 선택하라는 식의 언급은 독이 된다는 점을 말하고 싶다. 독립 이슈의 핵심은 이러한 경쟁 구도에서 벗어나야 풀리기 시작한다. 게다가 배우자는 이미 원가족에서 보이지 않는 억압과 기대에 지쳐 있는 사람이다. 새로운 가정에서 만난 배우자에게도 압박을 받는다면, 솔직히 모든 관계를 전부 다 놓아 버리고 싶은 심정일 것이다. 원가족과 당신 모두에게서 벗어나 버릴 가능성이 매우 크다.

당신의 배우자는 원가족에서 건강한 사랑을 받지 못했을 가능성이 크다. 일종의 학대일 수도 있다. 집착이라는 이름이나 의무감에 묶여서 자기 자신을 보호하는 일에 어려움을 느끼고 있을 가능성이 크다.

따라서 상대방이 자신을 건강하게 사랑할 수 있도록 도와주는 방향이 가장 이상적이다. 당신과의 관계에서 원가족에서는 느낄 수 없었던 존중과 배려를 느낄 때, 저절로 애착을 당신에게로 옮겨올 것이다.

당분간은 배우자의 원가족에 대한 잘못을 언급하지 않는 편이 좋을 수 있다. 배우자의 원가족은 배우자와 떼려야 뗄 수 없는 유전자로 묶여 있다. 배우자의 원가족을 욕하는 것은, 배우자를 욕하는 것과 같다. 아직 배우자는 그 부분을 쉬이 넘기지 못할 것이다.

독립 이슈가 있는 당사자는 대부분 '착한 아이'로 자랐다. 이 점을 이해해 준다면, 모든 실마리가 풀리게 될 것이라고 생각한다.

독립에 관한 건강한 8가지 관점

1. 건강한 독립은 효도하지 말라는 뜻이 아니다.

우선순위를 조정하여, 부모가 아닌 배우자에게 더 맞추라는 의미이다. 이는 효도와 상충하는 개념이 아니다. 오히려 부부가 연합했을 때 효도가 더 풍성해짐을 아는 사람이 지혜롭다. 각자 원가족을 별도로 챙기고 있는 사례도 있다. 두 사람의 연합보다는 원가족과의 연합에 무게중심을 더 두고 있다는 뜻이다. 원가족에서의 '자녀' 역할을, 현재 가정에서의 '배우자' 역할 보다 더 신경 써야 하는 이유가 무엇인지를 반드시 점검하자. 다시 말하지만, 효도하지 말라는 뜻이 아니다. 우선순위가 중요하다. 두 사람이 연합해서 함께 원가족을 섬기는 방식을 고민해 보아야 한다.

2. 건강한 독립은 물리적 독립만을 의미하는 것이 아니다.

반드시 연로하신 부모님과 함께 동거하지 말라는 뜻이 아니다. 형식적으로 보이는 상황만을 가지고 평가하기는 어렵다. 예를 들어, 중요한 결정을 앞두고 양쪽 부모님이 조언을 주실 수는 있지만, 결코 눈치를 보아서는 안 된다. 우리 가정의 최종 결정권자는 언제나 부부 당사자가 되어야 한다. 또한, 부모님에게서 배운 부정적인 습관을 나도 모르게 반복하고 있다면, 건강한 독립이라고 보기 어렵다. 아주 거리가 멀어져 있더라도, 정서적으로 원가족의 상처에 매여 있다면 정서적으로 더 독립이 필요한 상황이다.

3. 건강한 독립은 원가족의 상처에서 벗어나는 것이다.

어쩌면 가장 어려운 영역일 수 있다. 원가족의 상처가 버젓이 큰 자리를 차지하고 있음에도, 인식조차 하지 않는 사례가 많다. 부모를 용서하지 않았음에도, 충분히 용서하고 치유받았다고 스스로 위안하는 사례도 많다. 이를 점검할 방법은 내가 피해를 입었다고 생각하는 상처를 다른 사람한테 동일하게 전가하고 있는지를 보면 된다. 만약, 원가족의 상처로부터 벗어났다면, 같은 상처가 배우자나 자녀에게 절대 대물림되지 않는다.

그런데 한가지 주의 사항이 있다. 요즘에는 '심리'에 관한 이야기를 심심치 않게 찾아볼 수 있다. 그래서인지 원가족의 상처에 대한 과몰입도 흔하다. 물론, 과거의 상처를 인식하는 과정은 필요하다고 생각한다. 그러나 상처를 인식하기만 해서는 아무런 소득이 없다. 상처를 하나님 안에서 '재인식'하는 과정을 반드시 거쳐야 한다. 이는 성인이 된 자아가 부모님을 이해하고 인정할만큼 성장하는 과정이다.

[그림2-2] 무의식적인 부모님의 영향을 끊어내고 독립한 부부의 상황

건강한 독립은 부모에 대한 부정적인 정서를 최대한 긍정적인 정서로 바꾸는 작업을 의미한다. 이는 상처의 대물림을 막고, 앞으로의 가정을 위한 최고의 선물이 될 것이다. 건강한 독립은 부모에 관한 상처를 더 이상 곱씹지 않는 것을 뜻한다. 어린 시절에는 어쩔 수 없이 부모의 영향을 받았지만, 이제는 다르다. 부모에 대한 한을 간직하는 것

을 사단은 매우 좋아한다. 상처를 받을 수는 있지만, 상처에 더 이상 갇히지 말아야 한다. 성인이 되어서도 부모를 만날 때마다 상처를 재현하는가. 이는 여전히 부모에 대한 기대가 있기 때문이다. 부모를 떠난다는 것은 과거 부모의 실수와 한계를 있는 그대로 인정하는 작업이다.

심리학은 모든 책임을 부모에게 돌리는 데 성공했다는 말이 있다. 심리학도 세상 학문의 한계가 있음을 기억해야 한다. 기독교적으로 해석하자. '책임 전가'는 하나님이 기뻐하시는 방향이 아니다.

성인의 자아는 스스로 삶의 태도를 결정할 힘이 있다. 부모의 부족한 점들이 눈에 띄기 시작했는가. 비로소 '성장'했기 때문에 그 점이 보이게 된 것이다. 부모는 처음부터 슈퍼맨이나 슈퍼우먼이 아니었다. 부모에 대한 무한했던 기대치를 내려놓자. 부모도 연약한 한 인간이다. 부모님도 하나님 앞에 서 있는 피조물일 뿐임을 인정하는 것이 건강한 독립이다.

또한, 아주 중요한 주의 사항이 있다. 예를 들어, 부모님께 반발해 '나는 절대 부모님처럼 살지 말아야지'라고 맹세하는 경우가 있다. 이는 건강한 독립이라고 보기 어렵다. 오히려 독립을 가로막는 최악의 경우다. 이러한 관점은 독립이 아니라 완전한 종속이다. 건강한 시야와 균형을 잃게 되고, 엉뚱한 곳에서 문제가 터진다.

4. 건강한 독립은 부모의 사랑이 더 이상 당연한 것이 아님을 아는

것이다.

부모님께 평생 지원 받기를 기대해서는 안 된다. 이제는 개인적인 삶을 살아갈 수 있도록 놓아 드리자. 어린 시절에는 부모의 희생이 당연하다. 하지만 결혼 후에는 당연한 것이 아니다. 특히 손주 육아를 맡기는 부분은 조심해야 한다. 가끔은 몰라도, 차라리 외부에서 시간제 도우미를 찾는 것이 낫다. 게다가 조부모의 양육관이 그대로 손주에게도 영향을 끼치면, 그 가정은 더 이상 부부가 주도하는 가정이라고 보기 어렵다. 이는 중년이 된 부모 세대와 젊은 부부 세대의 독립을 동시에 회피할 수 있게 하는 아주 강력한 걸림돌이 된다.

5. 건강한 독립은 배우자에게 완벽한 '부모'의 역할을 기대하는 것이 아니라 동등한 인격체로 대하는 것이다.

역기능 가족에서 자랐다면, 원가족에서 결핍된 사랑을 배우자에게 채우기를 기대할 수 있다. 그러나 이는 배우자에게 줄 수 없는 것을 요구하고 목을 조르는 것과 같다. 배우자는 나와 동등한 파트너이지, 결코 부모가 될 수 없다.

상대방에게 헌신과 무조건적인 사랑을 바라지 말아야 한다. 은근히 이를 당연시하는 부부들이 많다. 부모가 되기를 바라는 과도한 기대는 서로를 지치게 한다. 이는 참 부모 되신 하나님 안에서만 온전히 채울 수 있다. 영적 부모이신 하나님만 채워줄 수 있는 공간을 인정하자.

6. 건강한 독립은 원가족과의 애착보다 배우자를 더 신뢰하는 것이다.

이혼하는 부부들의 공통점 중 하나는 3:3으로 편을 먹기 시작한다는 것이다. 원가족에게 배우자에 관해 험담하거나, 감정적인 동조를 구하는 언행으로 시작한다. 반드시 멈춰야 한다. '우리 집 vs 배우자 집' 대결 구도로 편을 짓기 시작하는 것은 매우 위험하다. '우리 집'이 도대체 어디인가? 더 이상 원가족 테두리를 '우리 집'이라고 불러서는 안 된다. 또한, 마음속으로 누구의 원가족이 더 우월하고 열등한지 따지고 있다면, 이는 위험 신호다. 원가족의 문화와 배우자 가정의 문화는 비교할 대상이 아니라 떠나야 할 영역이다.

7. 건강한 독립은 원가족의 규칙을 새로운 가정에 적용하지 않는다는 것을 의미한다.

모든 가족은 암묵적인 규칙이 존재한다. 식탁 예절, 시간 엄수, 대화 방식, 주변 이웃을 대하는 방식, 소비 습관, 감정 표출의 정도 등의 규칙들은 가정마다 다르다. 원가족의 규칙은 잊자. 내가 배워 온 문화가 모두에게 '일반적'으로 적용되지 않는다. 당연하다고 여기는 모든 규칙에 의문을 품어라. 부부만의 규칙은 새로 만들어야 한다. 서로가 완전히 동의할 수 있는, 아무도 개입할 수 없는 규칙으로 제정하라.

8. 건강한 독립은 정체성을 더 이상 부모에게서 '자아 정체성'을 발견하기를 멈추는 것이다.

당신은 누구인가. 당신이 누구인지에 대한 그 많은 데이터들은 어디에서 습득했는가. 대부분 부모가 바라보고 말하는 방식대로 자기 자신을 정의했을 가능성이 크다. 무의식적으로 부모가 원했던 가치관과 신념에 맞춰 살기 위해 노력해 왔을 것이다. 독립이 잘 되어 있지 않은 경우, 아주 사소한 쇼핑 습관에서조차 그럴 수 있다. '부모님이 내가 이 물건을 소비하는 것을 못마땅하게 여기실까?' 부모님의 눈동자가 어디든 뒤를 졸졸 따라와 평가하고 있다고 여겨지는 경우다.

이제는 육신의 부모를 기쁘게 하기 위한 언행을 분별하고 멈추어야 할 때이다. 우리에게는 영혼의 참 부모이신 하나님이 계신다. 하나님은 당신을 누구라고 말씀하고 계신가. 하나님은 당신의 어떤 모습을 가장 기뻐하시는가. 하나님을 만족시키는 삶을 향해 나아간다면, 내가 누구인지에 대한 혼란은 확연히 사라진다.

3. 결혼 생활에서 예상되는 어려움
원가족에 대한 보이지 않는 충성심

독립을 미루는 무의식적 이유

    사례 : 민경의 엄마는 음악 박사 출신으로, 화려한 삶을 꿈꾸시던 분이었다. 아빠는 순박하시고 엄마에 비해 큰 세상 욕심이 없으셨다. 엄마는 아빠가 '돈을 많이 못 벌어온다'고 툭하면 불평을 하면서, 두 딸에게서 아빠를 은근히 따돌렸다.

    가족들은 엄마 눈치를 보는 게 일상이었다. 엄마의 기분이 안 좋은 날은 모든 식구가 얼음장처럼 얼어 붙곤 했다. 어머니는 집안의 '여왕벌'이었고, 아버지와 자녀들은 어머니의 보조 도우미 같았다.

    결혼 후 민경은 어머니처럼 남편에게 사사건건 트집을 잡으면서 시비를 걸기 시작했다. 민경은 집안에서 모든 통제권은 여자가 쥐고 있어야 한다고 무의식적으로 믿고 있었다.

심리학하는 교회언니 헵시바의 **결혼상담**

점점 사태는 심각해졌다. 민경이는 조금이라도 태영이 자신의 기분을 맞추어 주지 않으면, 분이 풀릴 때까지 태영을 붙잡고 늘어졌다. 다음 날 출근해야 하는 남편을 붙잡고 잠을 못 자게 하기도 하고, 다른 남편과 태영을 비교하는 말도 서슴지 않았다.

그럼에도 민경은 자신이 엄마와 비슷한 패턴으로 행동한다고는 꿈에도 인식하지 못하고 있었다. 모든 문제는 태영이가 아빠처럼 여자에게 져주는 모습을 보여주지 않았기 때문이라고 생각했다. 태영보다 자신이 더 우월한 부분이 많기 때문에, 태영의 잘못된 점은 바로 잡아 줘야 한다고 믿었다.

우리는 부모님과 강한 애착을 지닐 수밖에 없다. 이는 부모님 대부분의 언행을 무의식적으로 '모방'하는 것으로 나타난다. 게다가 닮고 싶지 않던 습관을 더 잘 배우기까지 한다.

왜일까? 상식적으로 생각하면 이해가 어렵다. 잘못된 습관의 폐해를 직접 경험했으면, 그 습관을 따라하지 않으면 그만이지 않는가. 그런데 우리 대부분은 원가족의 패턴을 그대로 고수하는 편을 더 손쉽게 선택한다. 얄궂게도 이는 역기능적 가정일수록 더 끈질기게 달라 붙는다.

이는 원초적인 두려움에 관한 문제다. 부모님을 따르지 않음은 곧 버려짐을 의미한다고 느낀다. 우리 모두는 부모가 없는 '고아' 같은 심정을 필사적으로 거부한다. 이 세상에서 부모로부터 버려졌다는 고통보다 더 큰 고통은 없다. 그래서 부모님과의 연결감을 유지하려는 피나는 노력을 이어간다. 예를 들어, 폭력 가정에서 자란 자녀가 그 잘못을 대물림하는 이유다. 자녀는 그렇게 해서라도 원가족과 강한 유대감과 충성심을 유지하려는 본능이 있다.

'맞아, 우리 아빠도 이유가 있어서 폭력을 사용하신 거지. 내가 커 보니까 아빠가 이해가 된다. 인간이 완벽할 수가 있나. 나도 똑같이 해도 괜찮지 뭐! 그래도 나는 아빠보다는 조금 덜한 걸!'

같은 잘못을 반복하면서 부모에게 면죄부를 주고 스스로를 합리화하는 방식은 자동적으로 취해진다. 죄가 죄를 낳기는 이토록 쉽다. 어쩌다가 양심의 가책이 느껴져도 성찰을 회피한다. 게다가 부모를 떠나는 일은 아주 높은 수준의 슬픔과 죄책감, 두려움을 동반하는 고차원적인 노동이다.

그래서 원가족의 모습과 다른 행동 양식을 선택하는 것에 많은 사람들이 실패하고 만다. 결국 육신의 것에 매여 있느라, 새로운 피조물의 삶_ 부부의 연합으로 도약하는 기회를 놓친다. 더 건강한 방향성을 선택할 힘이 있음에도 불구하고, 그 좋은 삶을 포기한다.

위의 사례처럼 결국 원가족의 패턴을 강하게 붙잡고, 배우자와의 건강한 관계를 포기하기로 선택해 버리는 것이다. 이는 자신도 모르는 사이 저절로 일어난다는 점에서 반드시 경각심을 가져야 한다.

배우자를 신뢰하지 못하는 진짜 이유

사례 : 지연은 어린 시절부터 아버지와의 관계에서 큰 안정감을 누리지 못했다. 아버지는 약속을 자주 어기고 가정에는 무관심했다. 지연은 어릴 때부터 아버지를 믿지 못했고, 다른 사람에게도 쉽게 마음을 열지 못했다. 당연히 지연은 친구 사귀는 데에도 항상 어려움을 겪었고, 어디를 가나 겉도는 기분이었다. 남편 준호와의 부부 관계에서도 여전히 불편한 점이 많았다. 남편이 헌신적으로 잘해줌에도 불구하고, 쉽게 의심이 사라지지 않았다. 남편이 다른 사람에게 베푸는 작은 호의에도 예민하게 반응하고 질투심에 휩싸이는 자신을 발견했다. 그럼에도 자신의 솔직한 심정을 남편에게 털어놓기가 어려웠고, 냉랭하게 얼어붙었다. 준호는 자신의 사랑을 계속 의심하고, 마음을 닫아 버리는 지연에게 상처를 받았다.

지연의 부부관계는 깊게 들여다보지 않으면, 독립 이슈와 무관하다고 생각할 수 있다. 그러나 지연이는 아버지와 남편을 동일시하여, 신뢰할 수 없는 상황이 발생할 것에 대해 과도하게 불안해하고 있다. 부모에 대한 미움과 부정성을 배우자에게 투사하여 동일시한 오류다. 배우자는 별개의 존재임에도 불구하고, 부모와 비슷한 점이 조금이라도 보이면 과거의 상처와 연결 짓는 것은 독립되지 않았다는 증거다.

지연의 입장에서 이는 결코 간단한 문제가 아니다. 지연의 굳게 닫힌 마음은 여간해서는 열리기 쉽지 않다. 아무리 아버지와 남편이 다른 사람이라는 것을 안다고 하더라도, 가슴 깊이 받아들이기 어렵다.

비진리를 떠나라

이처럼 독립의 어려움에 관해 잘 보여주고 있는 책이 '출애굽기'이다. 하나님은 이스라엘 백성이 기존의 애굽 땅에서 종살이했던 고충으로부터 탈출하도록 도와주고 싶으셨다.

이스라엘 백성도 '건강한' 상태라면, 당연히 애굽을 탈출하고 싶어 하는 게 맞다. 그러나 이스라엘 백성은 오히려 애굽을 떠난 것을 후회하며, 하나님께 불평한다.

이스라엘 자손이 그들에게 이르되 우리가 애굽 땅에서 고기 가마 곁에 앉아 있던 때와 떡을 배불리 먹던 때에 여호와의 손에 죽었더라면 좋았을 것을 너희가 이 광야로 우리를 인도해 내어 이 온 회중이 주려 죽게 하는도다 (출16:3)

위의 구절을 다음과 같이 바꾸어 보았다.

기혼자가 말한다. 우리의 청년 시절이 차라리 나았다. 왜 하나님이 나를 결혼하게 하셔서 이렇게 힘든 상황들을 견뎌야 하는지 모르겠다. 그동안 살던 방식으로 살고 싶은데, 배우자가 자꾸 걸리적거린다.

결혼해서 배우자랑 갈등하느라 너무 힘들다. 평생 결혼 안 하고 차라리 미혼으로 죽었으면 좋았을 것이다.

잠시, 미혼 시절을 떠올려 보자. 이스라엘 백성들처럼 오히려 지금보다 더 편하고 좋았는가. 지금의 배우자를 만나 고생길로 접어 들었다고 여겨질 수도 있다. 왜 하나님이 이런 배우자를 허락하셨는지 원망하는 마음까지 들 수 있다. 여기에 관해 하나님은 무어라고 대답하실까.

출애굽의 진짜 목적이 무엇인지 아는가. 하나님께 '온전한 예배'를 드리는 것이다.

• 만약 원가족에서의 삶이 풍요로웠다고 하더라도 과거를 우상처럼 집착하지 않게 하시려는 의도이다.
• 만약 원가족에서 결핍과 상처가 많다고 하더라도, 하나님만 온전히 의지하게 하시려는 계획이다.

이제는 육신의 가족과 생각과 뜻이 아닌, 영혼의 부모만을 바라게 하시는 삶으로 우리를 초청하신다. 이 부름에 우리가 반응해야 할 때이다.

4 결혼 생활에서의 신앙 개념 적용
하늘 아빠를 향한 날갯짓

독립의 진짜 목적

독립이 꼭 필요하다는 것을 인지하고 나서도, 독립이 어려운 경우가 많다. 오히려 무거운 짐처럼 느껴질 수 있다. 아무리 부모님의 기대치에 맞추지 않으려고 노력해 보아도, 줄곧 그렇게 살아왔기 때문에 벗어나기 어렵게 느껴질 수 있다. 마치 끈적끈적한 액체 괴물에 둘러싸여 있는 것처럼 찝찝하기만 하다. 어떻게 하면 심리적으로도 건강한 성장을 이룰 수 있을까?

하나님은 도대체 왜 이렇게 어려운 일을 하라고 하셨을까? 부모님을 꼭 떠나야만 할까? 성경에서 콕 집어 말씀하실 만큼 중요한 문제인 걸까? 독립을 명하신 궁극적인 목적은 무엇일까? 이 질문은 너무 중요하다. 독립 문제의 완전한 해결은 '참된 목적'을 이해하는 데 있다.

1. 영적인 하나님과의 온전한 관계를 위해서이다.

사례 : 저희 부모님은 아직 비신자이세요. 조건 없는 희생이나 사랑을 경험하지 못한 것 같아요. 그래서인지 순수하게 아기처럼 떼를 쓰는 걸 별로 해본 적이 없어요. 얼마 전에 아는 언니가 임신 했는데, 태아의 눈, 코, 입이 어떻게 생기게 해달라고까지 하나님 께 기도했다는 거예요. 이런 것까지 하나님께 구해도 되나? 라는 생각이 들었어요. 솔직히 하나님의 의를 구하는 것도 아니잖아요. 남편과 이에 관해 이야기를 나누었더니, 아빠한테 구하는 건데 왜 그렇게 생각이 많냐고 하더라고요. 제가 부모님께 요구하지 못했던 것처럼 하나님 아버지께도 기도 제목을 나름대로 검열하고 있었던 거죠. 부모님의 영향이 미쳤던 것 같아요.

앞에도 잠시 언급했지만, 독립 과업을 명령하신 이유는, 육신의 부모를 떠나 영적 부모인 하나님께 100% 의존하도록 하라는 의도가 숨어 있다. 과거에 육신의 부모가 원하는 삶의 기준과 방식이 있었다. 그것이 하나님 나라에 합당한 기준일 수도 있지만, 아닐 수도 있다.

예를 들어, 육신의 부모가 바라는 직업이 있을 수 있다. 유교 중심의 사고관에서는 과거 시험에 합격해 가문을 살리는 것이 목표가 된다. 자꾸 시험에 응시하고 합격자 명단에 자신의 이름을 확인하고 싶은 것은 부모가 무의식적으로 요구했던 꿈을 버리지 못했기 때문일 수 있다. 그러나, 하나님도 당신에게 그러한 직업을 원하시는가. 이제는 영적인 부모이신 하나님의 생각에 더 마음을 써야 한다. 영적인 부모와 육적인 부모를 분리해서 생각하는 연습이 독립이다.

부모와의 애착은 과거의 일이다. 부모의 울타리 안에서 정체성을 발견하려는 습관이 있는지를 점검해 보라. 이는 배우자에게는 일종의 고문이며, 스스로에게는 평생의 올무가 될 수 있다. 하나님은 당신에 대해서 무엇이라고 이름 붙이시는가. 하나님의 목소리가 더 큰가, 육신의 부모님의 목소리가 더 큰가. 이제는 하나님께 귀를 더 기울여야 한다.

또한 독립이 건강하게 이루어지지 않으면, 부모님과의 관계를 하나님과의 관계로 연결 짓는 실수를 범하기 쉽다. 대부분 육신의 부모를 기준으로 하나님을 오해한다. 오해하는 것만큼 하나님께 죄송한 일도 없다.

이제는 성인이 되었으니, 영혼의 아버지인 '하나님'을 더 깊이 이해하기로 결단해야 한다. 이 과정이 진정한 '독립'이다. 영혼의 부모이신 하나님의 사랑을 체험하도록 나아가게 하시는 과정이다.

육신의 부모님의 사랑이 온전한 형태였던 사람은 아무도 없다. 그래도 괜찮다. 하나님의 사랑으로 나아가면, 육신의 부모의 한계를 용서할 수 있는 마음의 그릇도 넓어질 수밖에 없다. 또한, '고아'가 되는 두려움도 극복이 가능하다. 이제는 하나님이 우리의 아비 되신다. 우리의 완벽한 형태의 부모이시다. 하나님과의 온전한 관계를 기대하자. 완벽한 하나님의 사랑 안에 거하는 것이 독립의 최종 목적지다.

- 나는 누구의 시선에 가장 민감한가? 나는 누구를 기쁘게 하기 원하는가? 육신의 부모님인가? 배우자인가? 나를 창조하신 하나님인가?

- 나는 누구에게 헌신을 맹세하고 있는가? 육신의 부모님인가? 직장 상사인가? 배우자인가? 자녀인가? 아니면 세상의 주인 되신 하나님인가?

- 나는 무엇을 가장 기대하고 바라면서 살고 있는가? 내가 바라고 꿈꾸는 이상향이 하나님 나라의 확장과 일치하는가? 아니면, 물질, 지식, 외모, 능력의 세상적인 가치관인가.

2. 부모보다 더 큰 지경의 삶을 위해서이다.

당신 스스로 새장 문을 직접 열고 날개를 끝까지 활짝 펼쳐 보자. 창공을 나는 독수리가 되어 보자. 당신의 날갯짓을 보며, 육신의 부모님은 어떤 생각을 하실까?

자식을 키우면서 자신보다 더 '나은' 삶을 살기를 바라지 않는 부모가 있을까? 건강하게 장성하여 자신보다 더 '큰 세계'를 활보하기를 바라는 것은, 모든 부모의 가장 큰 소원이다. 이를 부인할 부모는 없다.

아기 새를 계속 새장에 가두면 날갯짓을 연습할 수 없다. 계속 육신의 부모의 간섭과 통제 속에 자유롭지 못하면, 성장이 막혀버린다. 잘해봤자 부모가 만들어놓은 새장의 한계를 넘지 못하게 된다. 결국 부모보다 잘 되길 바랐지만, 잘해봤자 부모 정도로 만족하게 되는 것이다.

독립은 부모를 배신하는 선택이 아니다. 오히려 부모님이 자녀에게 가장 원했던 선택이다. 때로는 부모 입장에서도 그 자식을 내어놓을 준비가 되지 않을 수 있다. 새로운 중년의 장으로 넘어가는 과정을 받아들이는 데 시간이 걸릴 수도 있다. 그렇지만 결국에는 인정하게 되실 수밖에 없다. 부모님의 품을 벗어나야, 자녀가 성장할 수 있었음을 말이다. 결국 하나님만이 자녀의 참 부모였음을 우리 모두 인정하게 하시는 과정이다.

성장에는 고통이 따른다. 그렇지만 분명한 목적을 지닌 고통은 감내할 만하다. 독립을 향한 고통도 마찬가지다. 반드시 거쳐야 하는 통과의례로 여겨야 한다.

이제, 독립을 향해 나아갈 이유는 충분하지 않은가. 영혼의 아버지는 '큰 그림'을 그리고 계신다. 삶의 참 목적을 발견하기 위해서, 부모보다 더 큰 지경으로 나아가기 위해서, 독립을 감수해야 한다.

독립의 완성은 부모님을 위한 중보다

진정한 독립은 부모님을 위해 기도하는 것으로 완성된다. 부모님을 위해 기도를 시작해 보자. 원가족에서 받은 비진리가 많을수록, 많은 분량의 기도가 필요할 수 있다. 다음 단계를 기억하자.

1. 우선 쓰디쓴 감정이 올라온다면, 아직 독립되지 못한 지점이 많기 때문이다. 하나님 앞에 충분히 털어놓자.

2. 더 깊은 기도 속에서 부모님의 죄와 연약함을 객관적으로 인식하게 된다. 부모로의 '역할'이 아닌, 그분들의 '이름'을 떠올려보라. 그분들도 하나님의 자녀. 여리고 연약한 영혼이다. 우리는 하나님 앞에서 똑같은 처지의 인간일 뿐이다.

3. 부모님을 위해 지속적으로 중보할 수 있다면, 그렇게 하라. 평생 드릴 수 있는 최고의 효도다.

4. 만약 원가족의 상처가 너무 깊다면, 부모님을 위해 기도하는 것조차 괴로울 수 있다. 이 경우 용서를 두고 기도하라. 간단하다. "아버지와 어머니를 용서합니다."라고 입을 떼어 소리 내어 기도하면 된다.

어떤 학대와 방치의 사건이 있었더라도, 내가 할 수 있는 최선은 용서다. 용서가 '나'를 위한 선택이라는 말은 예사로 들을 이야기가 아니다. 용서했을지라도, 부모님의 변화가 일어나지 않을 가능성도 있다. 관계 회복에 대한 부담을 갖지 않아도 된다. 관계는 쌍방의 신뢰 문제이기 때문에 시간이 걸리는 것이 자연스럽다. 그러나 용서는 지금, 이 순간 '나'를 위해 할 수 있다. 부모님께 받은 상처로부터 떠나기를 과감히 선택하는 것이다. 나에게 더할 나위 없는 선물이 된다. 완전한 용서만이 건강한 독립으로 이어진다.

부모님을 위한 기도는, 습득된 비진리가 새로운 가정에 들어오지 못하게 막는 가장 효과적인 방법이다. 과거의 애착으로부터 안녕을 고하기에 가장 용이한 방법이다. 이 세상의 어떤 심리치료나 의학적 방법으로도 이보다 더 효과적인 수단은 없다. 과거의 어떠함이 우리를 발목 잡지 못하게 하자. 우리에게는 기도가 있다. 기도하면 된다. 다시 말하지만, 부모님을 위한 기도로 독립이 최종적으로 완성된다.

심리학하는 교회언니 헵시바의 **결혼상담**

5 추가 심화 내용
예수님의 사춘기

예수님의 독립 모범 사례

예수님이 12살 때, 부모님과 함께 성전에 올라 가신 사건은 익히 들어서 잘 알고 있는 말씀이다. 예수님의 부모님은 당연히 예수님이 근처 어딘가에서 동행하고 있을 거라 생각했다. 그런데 막상 찾아 보니, 예수님이 보이지 않아서 몹시 당황하고 근심했다. 게다가 이는 사흘이나 되는 결코 짧지 않은 시간이었다.

생각해 보자. 12살 짜리 아들이 부모 허락도 받지 않고 갑자기 사라졌다니. 누가 봐도 혼나야 마땅한 상황이다. 그런데 예수님은 지나칠 정도로 당당하게 부모님을 마주 대하신다.

'내가 내 아버지의 집에 있어야 될 줄을 알지 못하셨냐(눅2:49)'

오히려 육신의 부모에게 의아하다는 반응을 보이신다. 그런데 예수님 부모님도 만만치 않다. 그 다음 구절을 보자.

그가 하신 말씀을 깨닫지 못하였다(눅2:50)

한마디로 어린 예수님의 말씀을 수용하지 않았다는 뜻이다. 아마 예수님의 '육신의 부모님'은 예수님의 말씀을 아예 뚱딴지같은 소리로 여긴 것은 아닐까 싶다. 어찌 되었든, 예수님의 육신의 부모는 예수님에 대해 '몰이해'의 지점이 있었다. 성경은 이를 굳이 기록하고 있다. 어쩌면 예수님이 십자가를 지는 순간까지 예수님의 사역의 깊이와 넓이를 전부 다 이해하지 못했을 가능성이 크다.

이는 독립이 어려운 모두에게 한편으로는 위로가 되는 말씀이다. 이는 바로, 예수님도 육신의 부모에게 '근심'(눅2:48)'이 된 지점을 말해주기 때문이다. 예수님도 독립하시기 위한 분투의 과정이 있었을 수 있다.
그럼에도 예수님은 어떻게 독립을 하셔야 하는지를 아주 뚜렷하게 인지하셨다.

'내가 내 아버지의 집에 있어야 될 줄을 알지 못하셨나이까'(눅 2:49)

위 말씀에는 독립에 대한 성경적인 '정답'이 확실하게 담겨져 있다. 예수님이 끝까지 육신의 부모님만 의지하고 종속되었다면 어땠을까? 육신의 부모를 붙잡고, 제발 내 정체성을 인정해 달라고 울부짖느라 시간과 에너지를 다 소비하셨을지도 모른다. 혹은, 육신의 아버지의 자녀의 역할에만 집착하며, 예수님의 사역이 많이 지체되었을 수도 있다.

그러나 예수님은 과감히 '독립'을 선택하셨다. 독립은 육신의 부모를 뛰어 넘어 '내 진정한 아버지'를 향한 선택임을 인지하셨다.

이는 우리도 예수님처럼 하나님 아버지께로 도약하는 성장의 발걸음을 멈추지 않아야 함을 보여준다. 그래서 독립 과업이 이토록 중요한 것이다. 우리의 진정한 '하나님 아버지의 집'만을 사모해야 하는 걸음에서 이제는 반드시 육신의 부모를 넘어서야 한다.

독립은 곧 성장이다.

독립 이슈는 오해의 소지가 너무 크다. 그렇지만 복잡하게 생각하지 않아도 된다. 건강한 독립을 한마디로 정리하자. 독립은 곧 '성장'이다. '성장'이라는 키워드를 잊지 말자. 앞에서 언급한 독립에 관한 설명을 모두 포괄하는 개념이다.

독립의 반의어는 '분리'가 아니라, '미성숙'이다. 독립은 어른으로 도약하는 과정을 의미하는 것이지, 과거와의 단절을 의미하는 것이 아니다. 독립은 과거에 더 이상 영향을 받지 않을 만큼의 '성장'한 개구리가 되는 것이다.

[그림2-3] 올챙이에서 개구리로 성장하여 정체성이 확고해진 모습

'성장'이란 성인 자아로 나아감을 의미한다. 앞서 언급한 독립에 관한 설명을 모두 포괄하는 개념이다. 올챙이가 개구리가 되었으면, 다시는 올챙이로 돌아갈 수 없다. 어린아이 때 입었던 옷은 지금 입으면 너무 작다. 그 옷이 문제가 있었기 때문이 아니라, 몸이 자랐기 때문이다. 이제는 개구리에 어울리는 모양새를 갖추는 것이 독립이다.

시댁 처가 갈등의 뿌리

그래서 시댁 처가 갈등의 뿌리는 시댁과 며느리, 처가와 사위 갈등이 아니다. 실제로는 무의식적으로 '성장'을 미루고 있는 자녀와, 결혼한 자녀의 '성장'을 방해하고 있는 부모가 주인공이다. 어쩌면 부모 자신도 성인으로의 성장이 멈춘 채로 오랜 시간 굳어진 상태일 수 있다. 자녀의 성장을 건강하게 도울 수 없는 수준에 머물러 있는 것이다. 그래서 이미 성장한 자녀를 통제하고 싶은 욕구가 그의 배우자를 불편하게 한다. 시댁 처가 갈등을 부모와 배우자 사이의 '중간 역할'을 잘 못했기 때문이라고 해석하는 경우가 많다. 부모와 배우자 둘 중의 하나를 선택해서 중재하라는 식의 대립 구도는 본질을 흐린다.

주야장천 강조해야 할 방향성은 '성장'이다. 아직 부모의 영향력을 벗어나지 못한 자녀의 미성숙함을 위해서, 그리고 원가족 모두의 건강한 성장을 위해서 성장의 방향성을 결단해야 한다.

성장을 위한 분별 사항

- 의견 차이가 첨예하게 발생할 때 분별하자. 부부 각자의 의견이 대립하는 것인지, 원가족으로부터 무의식적으로 학습된 주장인지.

- 지나치게 감정이 격동될 때 분별하자. 맥락과 상황과 동떨어진 뾰족한 감정의 근원은 어디인가. 표면적으로는 배우자와 갈등하고 있지만, 내적으로는 부모님께 대항하고 있는 것은 아닌가.

- 갈등을 해결하는 방식을 분별하라. 갈등을 회피하는 편인가. 입을 닫아 걸고 싸늘해지는가. 참을 때까지 참았다가 할 말 못할 말을 한번에 터뜨리는가. 무작정 이기기 위해 상대방에게 악담을 퍼붓는가. 이 방식은 원가족의 방식과 동일한가. 그 방식의 결과는 어떠했는가. 건강하고 진리에 가까운 방식인가. 그렇지 않다면, 다시 점검해 보고 진리 안에서의 방법을 찾아 보자.

- 배우자를 바라보는 나의 시선을 분별하라. 배우자가 본가에서 잘못 배워온 '남의 집' 아들, 딸이라서 불만인가. 배우자에게 가장 영향을 끼칠 수 있는 사람은 배우자의 부모님이 아니다. 배우자에게 절대적인 존재는 하나님 다음으로 당신이다. 돕는 배필로서 배우자에게 최선을 다해 헌신한다면, 반드시 배우자는 진리 가운데 성장할 수 있다. 이를 믿고 있는지 점검해 보자.

독립에 관한 최종 정리

독립 문제는 이렇게 '성장'이라는 기준을 두고 분별하면, 헷갈리는 모든 의문에 명쾌한 대답을 내릴 수 있을 것이다. 앞서 본 예수님의 사례에서처럼, 사춘기는 변화를 향한 발돋움이다. 우리는 2번째 사춘기를 지나고 있다. 사춘기의 핵심은 '성장통'임을 잊지 말자!

다음은 독립에 관한 7가지 최종 정리 문장이다.

1. '성장'했기 때문에 더 이상 자녀의 위치에만 머무르지 않는다. 이제는 더 큰 세계를 책임지며 남편과 아내의 의무를 다할 수 있다.

2. '성장'했기 때문에 부모의 인간적인 연약함을 인정하고, 오히려 부모님을 도와 드리는 효도의 의미를 재발견할 수 있다.

3. '성장'했기 때문에 원가족의 영향을 무분별하게 수용하지 않는다. 배우자와 함께 새로운 가족 규칙과 가치관, 신념을 선택하고, 삶의 방향성을 결정하며 능동적으로 책임진다.

4. '성장'했기 때문에 원가족의 울타리나 상처, 과거에 갇히거나 얽매이지 않는다.

5. '성장'했기 때문에 기존의 가족을 넘어서, 타인인 배우자를 신뢰하고 관계를 유지할 수 있는 능력을 갖추게 된다.

6. '성장'했기 때문에 더 이상 원가족에만 의존하지 않는다. 오히려 원가족을 포함한 주변 지인에 대한 섬김과 헌신의 지경이 확장된다.

7. '성장'했기 때문에 배우자에게 무조건적인 사랑과 인정을 갈구하거나 부모 노릇을 강요하지 않는다. 오히려 배우자뿐만 아니라 주변 가족과 이웃들을 능동적으로 사랑하고 섬길 수 있다.

이렇듯 '성장'했기 때문에 수준이 높아진다. 하나님이 독립을 통해 우리를 성장시키시고, 진정한 '어른'이 되도록 하시는 놀라운 섭리를 담아 두셨다.

따라서, 시댁 처가 갈등에 머물거나 상대방 배우자에게 지나친 요구를 하는 등의 행위는 '올챙이'의 습관임을 깨달아야 한다. 이는 무슨 수를 쓰더라도 성장을 회피하고자 하는 비겁함과 무책임의 일종이다.

개구리가 된 우리는 이제 비로소 결혼 생활을 할 수 있는 최소 전제 조건이 갖추어진 셈이다. 여기까지 오느라 우리 모두 수고가 많았다고 격려해 주시는 하나님 아버지의 음성을 들리는 듯하다.

Chapter 3.
하트로 연합되다

1 결혼 현실 수용하기
우리 부부는 어떤 유형일까?

부부 연합의 방해물

이혼하는 부부는 공통으로 '이것'에 실패했기 때문이라고 한다. 바로 '연합'이다. 부부는 부모와 자식 간의 애착을 재현하는 관계라고 한다. 어릴 적 부모와의 애착 관계는 평생 영향을 끼친다. 엄마와의 관계가 불안했던 자녀는, 성인이 된 후에도 불안감을 느낄 가능성이 크다. 이를 뒤집을 수 있는 거의 유일하다시피 한 기회가 부부의 신혼기이다.

부모와 자녀 간의 애착이 생애 초기 3년이 가장 결정적인 영향을 끼치는데, 부부 관계에서도 초기 3년이 가장 중요하다. 대부분의 이혼은 결혼 후 3년 이내에 발생한다는 통계도 있다. 신혼 초기에 신뢰를 다져놓지 못한 부부는 장기적으로 시행착오를 크게 겪을 가능성이 크다. 공사장의 '기초 공사' 기간인 셈이다. 부모 관계가 건강하게 자리 잡지 못한 사람일지라도, 배우자와의 관계 설정을 통해 안정적인 애착으로 재사회화가 될 수 있는 시기이다.

그래서 기초 공사는 두말할 필요 없이 중요하다. 기초가 탄탄한 부부는 장기적으로 안정적인 집을 짓게 될 것이다.

사람이 그 부모를 떠나서 그 둘이 한 몸이 될지니라(막10:7-8)

독립에 이은 두 번째 하나님의 명령이 나온다. 두 공사장 인부가 일렬로 합쳐졌다. 하나님은 부부가 '한 몸'으로 연합하라고 말씀하셨다.

그런데 건강하게 독립을 이룬 이후에도 연합이 저절로 이루어지는 것은 아니다. 그 이유는 무엇일까? 다음 성경 말씀을 통해 부부 연합을 방해하는 세 가지 요소를 살펴보자.

〈 첫 번째 연합의 방해물: 사단의 공격 〉

뱀이 여자에게 이르되 너희가 결코 죽지 아니하리라. 너희가 그것을 먹는 날에는 너희 눈이 밝아져 하나님과 같이 되어 선악을 알 줄 하나님이 아심이니라(창3:4)

마지막 구절을 다시 살펴보자. 하나님이 '아셨다'라는 것이다. 뱀의 속임은 교묘하다.

"하나님이 다 알고도 너한테 그렇게 하신 거야. 하나님은 이 전부를 다 알고 계셨다. 너도 하나님을 전지전능하신 분이라고 배웠잖아. 참 이상하지 않니? 하나님이 뻔히 다 알고 계시는데 왜 그러신 거지? 분명히 하나님이 다 아셨는데 왜 너한테 이런 어려운 일을 허락하셨을까?"

'알고 계셨다'라는 부분을 강조해서 다시 읽어보자. 하나님을 의심하는 생각을 넣어준다. 사단은 그야말로 인간 심리의 달인이다. 배우자 기도를 열심히 한 후 결혼 생활을 시작했는데, 예상치 못한 난관에 부딪힌다. 아뿔싸. 이 결혼 생활이 이렇게 될 걸 하나님이 '알고도' 나를 이런 불행한 결혼 생활로 밀어 넣으셨단 말인가? 내가 그렇게 기도했는데 왜 이런 배우자를 허락하신 것인지? 하나님은 분명히 아셨을 텐데? 머릿속에 끝없는 생각의 타래가 이어진다. 사단의 속임을 듣고 나면 하나님한테 심술이 난다. 이처럼 우리의 무지를 틈 탄 사단의 공격에 맥없이 무너지면, 배우자와의 연합뿐만 아니라 하나님과의 연합에도 적신호가 켜진다.

나는 온라인을 통해 기독교인들을 상담하곤 한다. 하나님에 대해 의심을 넘어선 불신이 들어찬 내담자들은 상담을 진행하기가 굉장히 까다롭다. 상황을 전부 '하나님 탓'을 하고 있기 때문에, '길'을 제대로 찾기 어렵다. 사단의 사기극에 완전히 속아 넘어간 상태다.

그때부터는 분별력을 잃어버린다. 사단이 우는 사자처럼 먹이를 찾아 포효하고 있다는 사실을 완전히 잊고 있는 크리스천들이 은근히 많다. 결혼 초반부터 가정을 위해서 절실하게 기도하는 경우는 흔치 않다. 결혼에 골인했다는 사실 자체에 어느 정도 취해 있는 것 같다. 가나안 땅에 들어왔으니 맛있는 실과를 따 먹으며 놀면 되는 거라고 순진하게 생각해서는 위험하다. 사단의 방해 공작은 쉴 틈이 없다. 사단에게는 안식일 따위는 존재하지 않는다. 반드시 새로운 가정 사역에 틈탈 사단을 예상해야 한다.

결혼 10년 차인 지금은 매일 아침 우리 부부와 두 아들을 위해 기도를 한다. 특히 주기도문을 빠뜨리지 않는다. 주기도문은 정말 완전한 형태의 기도이다. 주기도문을 하고 나면, 빠짐없이 꼭 필요한 기도를 채웠다는 안심이 된다. 가정을 사탄의 공격으로부터 지키고 하나님의 뜻만 우리 가정에 이루어지기를 구한다.

"시험에 들게 마시고 악에서 구하옵소서. 주님, 우리 가정을 시험에 들게 마시고 악에서 구하옵소서."

〈 두 번째 부부 연합의 방해물: 수치심 〉

이에 그들의 눈이 밝아져 자기들이 벗은 줄을 알고 무화과나무 잎을 엮어 치마로 삼았더라(창3:7)

눈이 밝아져 수치심을 느끼게 되었다. 수치심의 중요한 핵심은 '비밀'을 간직한다는 것이다. 숨기기 시작한다. 부부가 연합해야 하는데 서로 숨바꼭질을 시작하면 대책이 없다. 앞서 가정예배는 서로의 가장 깊은 마음을 내어 드리는 예배라고 했다. 그러나 이 자체가 불가능한 부부가 있다. 끝까지 가면을 쓴 채 진짜 내 얼굴을 가린다. 진실된 마음속 이야기는 숨긴 채 진정한 자아와의 만남은 회피한다. 경제활동을 유지하고 교회 봉사를 같이하고 자녀 교육에 관한 이야기는 나눈다. 그러나 정작 중요한 이야기는 피한다. 정서를 교감하는 이야기는 전혀 없는 사이다.

진실로 결혼의 큰 축복 중의 하나는 나의 모든 것을 노출해도 괜찮은 상대를 만난다는 것이다. 그러나 배우자에게 나의 민낯을 가리고 있다면, 아주 좋은 선물을 결코 누릴 수 없다. 앞서 가정예배를 통해 서로의 민낯을 내어놓아야 한다고 했다. 이런 깊이 있는 나눔은 진실을 말해주고 서로의 성장을 도와줄 수 있는 최적의 조건이다.

어떤 상담사에게 유부남이 찾아왔다고 한다. 배우자와는 아주 문제없는 친한 사이라고 했다. 그래서 상담사가 "이 문제에 대해서 배우자는 어떻게 생각하세요?"라고 물었다. 그랬더니 "이 문제에 대해 배우자는 전혀 모른다"라고 대답했다고 한다. 과연 이 부부가 친한 사이가 맞을까? 이 정도 지경인데도, 문제의식조차 느끼지 않는 부부들이 많다는 것이다.

이는 마치 바리새인적인 신앙인의 모습과 겹친다. 하나님 앞에서도 진짜 내 마음은 접어두고 형식적인 관계만 유지하는 것이다. 하나님이 그토록 혐오하시던 관계의 모습이다. 가깝지도 멀지도 않은 이상한 관계는 불편하기 그지없다. 우리는 하나님과 가장 내밀한 속내를 비추는 좋은 친구 사이가 되어야 한다. 이를 위해 함께해 주는 친구는 우리 배우자와의 관계이다. 용기 내어 배우자에게 더욱 마음을 열어야 한다.

〈 세 번째 연합의 방해물: 두려움 〉

'이르되 내가 동산에서 하나님의 소리를 듣고 내가 벗었으므로 두려워하여 숨었나이다.'(창3:10)

책망에 대한 두려움, 질책에 대한 무서운 마음으로부터 연합이 갈라지기 시작한다. 배우자는 이 세상에서 하나님 다음으로 가장 영향력 있는 사람이다. 그 어떤 사람보다 가장 강력하다. 그래서 배우자가 무서워지기 시작한다. 거리를 둔다. 그러나 이는 사랑의 연합과는 거리가 먼 행동이다.

내가 움츠러들고 위축될수록 관심은 오롯이 '나'에게만 집중된다. 상대방을 어떻게 더 잘 섬길 수 있을까에 대한 고민은 없다. 전적으로 내가 상처받지 않는 것에만 매달려 있다. 상대방의 눈치만 살필수록 자발적 사랑과 헌신은 위축될 수밖에 없다.

그래서 성경에서는 사랑과 두려움을 대조적인 위치에 둔다. 하나님이 주신 마음은 두려워하는 마음이 아니라 사랑과 능력과 절제하는 마음이라고 했다. 그러나 두려워하고만 있다면 사랑도 없고 능력도 없고 절제하지도 못하는 심령인 것이다. 상대방 배우자를 두려워하고 눈치 보는 순간부터 무언가 잘못되어 가고 있다고 봐야 한다. 두려움은 상대방을 사랑하기 위해 선택한 감정이 아니라, 자기 자신만을 보호하기 위한 선택임을 인식해야 한다.

〈 네 번째 연합의 방해물: 비난 〉

'이르시되 누가 너의 벗었음을 네게 알렸느냐 내가 네게 먹지 말라고 한 그 나무 열매를 네가 먹었느냐 아담이 이르되 하나님이 주셔서 함께 있게 하신 여자 그가 나무 열매를 내게 주므로 내가 먹었나이다.(창3:12)

이 말씀 구절에서 발견하는 연합의 방해물은 굉장히 흔하게 발생한다. 바로 '남 탓'이다. 비난은 책임 전가이다. 여자 때문에 그랬고, 뱀 때문에 그랬다고 하는 것이다.
크리스천 사이에 우스갯소리가 있다. 사단도 억울할 것 같다는 것이다. 크리스천들이 모조리 다 사단 탓을 하는 것을 빗대어서 하는 말이다. 부부 간의 갈등이 시작될 때는 항상 '비난'부터 시작한다. 내가 책임질 영역과 상대방이 책임질 영역, 또 하나님이 책임져 주실 영역을 혼동했을 경우에는 모조리 비난거리만 존재한다.
위 말씀 구절에서는 급기야 '하나님'까지 탓하게 되었다. 비난이 난

무하는 곳에 '자신의 책임' 영역은 없다. 비난을 잘하는 사람은 상대방보다 우월하다는 느낌을 받고 싶어 한다. 자신의 열등감을 보상받으려는 심리로 상대방의 부족한 점에 집중한다. "저 사람이 이렇게 저를 함부로 대하는데, 제가 이렇게 할 수밖에 없지 않나요?"

부부 바운더리 유형

이처럼 부부가 연합하기 위해서는 넘어야 할 장애물이 존재한다. 장애를 극복하기 어려운 부부는 다음 세 가지의 왜곡된 형태로 관계를 형성할 가능성이 크다.

첫 번째는 분리된 바운더리 부부이다.

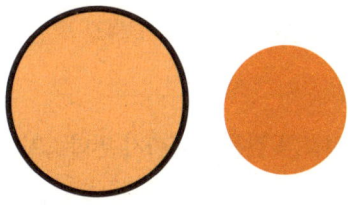

[그림3-1] 분리된 바운더리 부부의 모습

"우리는 결코 싸우지 않는다"라고 말하는 부부가 있다. 물론 그럴 수 있다. 두 부부가 자아 분화 수준[1]이 매우 높고 성숙한 상태라면 가능하다. 원가족에서 진리를 건강하게 물려받은 사례도 있다.

그렇지만 말 그대로 '개인주의' 형태의 부부이기 때문은 아닌지 점검해 보아야 한다. 사적인 영역이 철저히 분리된 상태로 친밀한 영역은 공유하지 않는다. "우리는 개인의 선택을 존중해요"라고 쿨한 태도로 말하지만, 무언가 부부 관계의 질적인 만족은 사라진 지 오래다.

공사장 인부로서 공동 목표를 수행해야 하는데, 공사장 일은 뒷전이다. 함께 살 집을 짓는 일에 착수하지 않으면서 바깥일만 최선을 다한다. 모든 것이 개인플레이다

서로의 개성과 시간, 재정을 완벽하게 타인처럼 존중해 줄 수 있다는 것은 환상이다. 서로 비난하거나 갈등하지 않고 겉으로는 아무 문제 없는 부부로 비치지만 속마음은 다르다. 배우자에게 나의 수치심과 두려움을 오픈해도 이 결혼 생활이 유지될 수 있을 만큼의 친밀한 관계라는 확신이 없는 관계다. 갈등이 생길 법한 지점을 마주하면 묻어둔다.

이렇게 부부가 서로의 깊은 속내까지 연합하지 않으면 외로워질 수밖에 없다. 그 틈을 타서 다양한 형태의 간음이 생겨난다. 아내 몰래 음란물에 취해 영혼을 더럽히고 있으면서도, 일말의 죄책감을 느끼지 않는다. 취미생활이나 일, 다른 사회생활에 몰두하는 것도 간음의 한

---

[1] 자아분화수준(Levels of Self-Differentiation)은 심리학자 머레이 보웬(Murray Bowen)의 가족체계이론에서 나온 개념으로, 개인이 자신과 타인의 감정, 사고, 행동을 얼마나 잘 구별하고 독립적으로 기능할 수 있는지를 측정하는 척도이다. 자아분화수준이 높을수록 성숙하고 건강한 대인관계를 유지할 가능성이 높아진다.

형태일 수 있다.

　우리가 서로에게 필요한 존재라는 욕구 자체를 회피하며 기대조차 하지 않고 있으므로, 장기적으로 어떤 문제가 발생할지 예측조차 되지 않는다.

　겉으로는 그렇지 않다고 느껴질지라도 실제로는 가장 위험한 형태의 부부 모습이다. 최악의 경우 이미 정서적으로 이혼한 상태일 수 있기 때문이다.

　두 번째는 침해된 바운더리 부부이다.

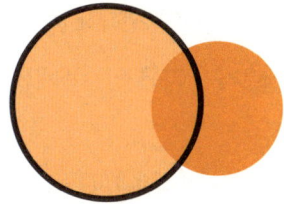

[그림3-2] 침해된 바운더리 부부의 모습

　권력이 심하게 비대칭적이다. 남편의 가부장적인 태도, 아내가 주도권을 쥐고 휘두르는 가정의 모습이다. 배우자의 경계선을 존중하지 않고 지속적으로 침범한다.

　대부분의 의견에서 상대방 의견은 비중을 낮춘다. 상대가 조금이라도 반박한다면 되갚아주어야 한다. 수시로 비난을 멈추지 않고, 선을 넘는 독설도 서슴지 않는다. 수단을 가리지 않고 상대방을 제압하고 수시로 감시하면서 일말의 죄책감도 느끼지 않는다. 상대방보다 우월하고 우위를 점령하려고 하므로, 마땅히 상대를 치하할 순간에도 상대의 약점을 잡아 깎아내린다.

최근에 '가스라이팅[2]'이라는 용어가 유행했는데, 배우자를 자신의 꼭두각시처럼 원하는 대로 조작하기 위한 행위이다.

지속적으로 배우자에게 가스라이팅을 당한 사람은 현실을 왜곡하고 자기 자신을 의심하게 된다. 기억, 감정, 사실을 부정하거나 기억과 판단을 신뢰하지 못하게끔 유도하기 때문이다. '너는 내가 아니면 아무것도 할 수 없어.' '나만큼 당신을 생각해 주는 사람이 어디 있어.'라는 식의 발언을 통해, 배우자가 다른 인간관계를 의지하는 것도 통제하기도 한다.

상대방을 존중하고 섬기려는 동기보다, 상대방을 권력으로 통제하는 것이 목표가 되어 있다. 상대방이 내가 원하는 대로 움직여 줄 때에만 안심이 된다.

하지만 여기서 끝나지 않는다. 권력을 쥐는 동시에 배우자로부터 '사랑'을 기대하는 이중적인 모습을 드러낸다는 점이다. 부부 관계에

---

2 영화 "가스등(Gaslight, 1944)"에서 유래. 이 영화에서 남편이 아내를 조작하여 그녀가 미쳤다고 믿게 만드는 이야기에서 비롯되었다. 남편은 가스등의 불빛을 줄이면서도 이를 부정하거나, 아내의 기억과 인식을 왜곡하는 방식으로 그녀를 심리적으로 조종한다.

'힘'의 논리가 개입하는 순간, 사랑을 바란다는 것은 모순적이다. 권력자인 배우자를 진심으로 사랑하고 싶어 할 사람이 과연 있을까? 힘의 논리와 사랑의 논리는 공존할 수 없다.

배우자의 바운더리를 침해하고, 그것이 '효과적'이라고 여겨지는 자는 모든 것이 자기 마음대로 움직여진다는 환상에 취할 수 있다. 그러나 결국 딱 한 가지만 자기 마음대로 되지 않는다는 진실을 발견하게 될 날이 올 것이다. 그것은 다른 사람의 '마음'을 얻는 일이다. 자신은 비인격적으로 배우자를 상대하고 있으면서, 배우자의 관심과 돌봄까지도 취하고 싶은 욕망은 절대로 동시에 성취될 수 없다.

세 번째는 흡수된 바운더리 부부이다.

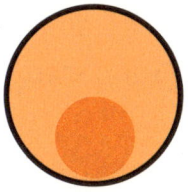

[그림3-3] 흡수된 바운더리 부부의 모습

이 부부는 힘의 균형이 기울어져 있는 정도가 아니라, 아예 힘 자체가 존재하지 않는다. 겉으로는 큰소리 한 번 없는 평화로운 상태이다. 한쪽이 다른 한쪽의 의견에 조금도 반대하지 않고 전적으로 동의한다. 상대방의 감정이 한 톨도 상하지 않게 하려고 모든 눈치를 동원해 맞추어 준다.

상대방에게 내 모든 것을 주어도 상관없다. 관계의 굴레가 개인의 정체성보다 훨씬 더 중요하기 때문이다. 개인의 경계, 감정과 생각을 드러내기 시작하면 갈등이 생길 것이고, 갈등 자체는 파국이라는 극단적인 생각이 전제 되어있다.

혹은 버림받기 싫어서 상대방에게 모든 것을 주기로 결심했을 수 있다. 이는 맹목적인 사랑이다. 자아 분화가 심각하게 낮은 상황이거나, 부부 중 한쪽의 가치가 지나치게 과대하게 해석된 상태이다.

모든 것을 포기해서 맞춰 주면, 상대방이 나를 떠나지 않을 거로 생각하지만 그 결과는 처참하다. 그렇게 헌신해 주었건만, 상대방에게서는 충분한 사랑이 돌아오지 않는다. 급기야 이성으로서 매력이 느껴지지 않는다는 충격적인 사실을 알게 된다. 자아를 억압하는 사랑은 솔직한 인격체로서 다가오지 않기 때문에, 그 개성도 매력도 동시에 잃게 된다.

2. 결혼 청사진 이해하기
두 원이 합쳐져서 하트가 되었어요

부부 바운더리 유형

부부가 얼마나 가깝게 연결될 것인가, 혹은 얼마나 거리를 두고 독립적인 영역으로 존중할 것인가 그 '정도'를 결정하는 것은 '경계선 boundary'설정이다.

나는 지난 책 '심리학하는 교회언니 헵시바의 연애상담'에서도 바운더리를 언급한 적이 있다. 바운더리는 인격의 핵심이다. 더 자세한 사항을 알고 싶다면, 'No라고 말할 줄 아는 그리스도인'이라는 책을 참고하면 된다. 건강한 관계일수록 상대방의 경계선을 보호해 주고, 자신의 경계선도 보호할 수 있다. 그렇다고 격식만 차리는 차가운 관계가 아니다. 다음 그림에서처럼, 건강한 경계선을 유지하면서도 접선에서 만난다. 서로 자발적으로 연합하기를 선택하는 상황이다. 다음은 건강한 바운더리 부부이다.

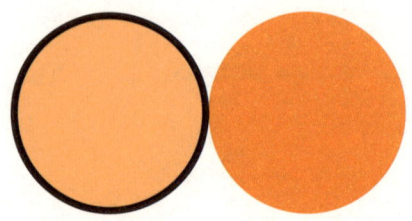

[그림3-4] 건강한 바운더리 부부의 모습

우선 위 그림은 두 원의 크기가 동일하다. 인격적 가치와 무게감이 동등하다는 의미다. 또한 원이 접점으로 만나는 지점이 건강하게 소통하는 지점이다. 진실된 마음으로 나의 감정과 생각을 객관적으로 상대에게 전달하고, 상대방도 나에게 감정과 의견을 나눈다. 서로의 선택을 존중하면서 대화를 평등하게 조율한다.

에베소서에서 남편과 아내의 실천 사항을 언급한 5장 후반부(엡 5:21-33)의 가장 첫 머리 구절은 다음과 같다.

"그리스도를 경외함으로 피차 복종하라(엡 5:21)"

건강한 부부일수록 힘이 5:5로 균형을 이룬다. 권력이 비대칭적이지 않다. 서로에 대한 기본적인 존중이 전제되어 있다. 그리고 서로 누가 먼저랄 것도 없이 복종하고 섬기기를 자처한다.

2부에서 봤던 독립 이슈를 잠시 다시 꺼내보자. 원가족에서 배운 건강하지 않은 관계 패턴을 지금도 반복하고 있지는 않는가. 예를 들어, 원가족은 침해형이었다. 결혼 후 배우자에게도 침해형 방식으로 의사소통한다. 원가족에서 아버지는 어머니에게 온전히 흡수되었다. 결혼 후 남편이 조금이라도 의견을 내는 것을 허용하지 않는 방식으로 발전하는 것은 아닌지 점검해 보아야 한다.

사도바울의 자발적인 사랑

여기서 잠시 하나님과 사도 바울의 관계를 떠올려 보자. 사도 바울은 자신을 그리스도의 '종'으로 표현한다(빌 1:1)[3]. 우리는 하나님의 자녀가 맞는가, 종이 맞는가. 기본적으로는 하나님 앞에서 자유를 누리는 자녀 됨이 기독교인의 기본 정체성이다. 그런데도 사도 바울은 예수님의 종이라는 표현을 사용했다. 교회에서도 자주 듣는 표현이다. 당신은 그리스도의 자녀인가, 종인가?

여기에는 자신의 자율성을 포기하고 오직 예수님의 뜻에만 자신을 복종시킨다는 선언이 담겨 있었다. 하나님을 진정으로 사랑했기에, 자발적으로 그분을 위해 종이 된 자리를 자처했다. 나의 어떠함을 주장하기보다는 자발적으로 예수님의 '을'이 되기로 선택한 삶이었다.

---

3 그리스도 예수의 종 바울과 디모데는 그리스도 예수 안에서 빌립보에 사는 모든 성도와 또한 감독들과 집사들에게 편지하노니 (빌1:1)

여기서 말하고자 하는 핵심은 '자발성'이다.

두 원이 하트로 연합되다

건강하게 연합된 부부도 마찬가지이다. 연합에는 고통이 따른다. 그러나 그 고통을 자발적으로 감당한다. 상대방을 사랑하기 때문에 기꺼이 낮은 자리에서 종이 되기를 마다하지 않는다. 굴욕적인 노예로 자리매김하는 방식이 아니다. 사랑하는 배우자를 높이는 종의 자리라면 영광스럽다는 인식이 바탕이 되어 있는 것이다. 또한, 하나님을 경외하는 마음으로 배우자를 섬기는 행위를 하나님 앞에 제물로 바치는 결단이 숨어 있다.

상대방 배우자 또한 기꺼이 자처하여 원래의 자기 모습을 주장하기를 내려놓고 변화하기 시작한다. 둘의 변화는 일방적이지 않고 상호소통으로 이루어지기에 점차 대칭적인 모습을 갖춘다. 다음 그림은 두 인격이 하나의 하트로 연합되는 과정이다.

[그림3-5] 부부가 자발적으로 찌그러지다가 대칭의 하트로 완성되는 과정

드디어 둘이 하나가 되는 비밀이 이루어졌다. 당연히 한 번에 이루

어지는 작업은 아닐 것이다. 꾸준히 연합의 방향성을 향한 순종의 걸음을 포기하지 않은 결과로 주어진 값진 열매다.

그림을 다시 보자. 건강한 하트를 만들기 위한 조건은 다음과 같다.

1. 두 원의 크기는 동일해야 한다. 남편과 아내의 크기가 동일해야 한다. 배우자 한 사람이 다른 사람보다 더 많은 감정과 의견, 선택권을 주장할 수 없다. 서로에게 동등하고 평등한 기회가 주어져야 한다.

2. 상대방을 나를 향한 도구로 취급할 수 없다. 상대방에게 사랑과 인정을 요구하고 강제할 수 없다. 오직 배우자에게 요청할 수 있을 뿐이다. 배우자가 원한다면 스스로 마음의 문을 열고 자아를 깨뜨려 상대방에게 맞추어 주는 헌신의 삶을 선택할 것이다. 그 선택을 기다려 주고 오래 참는 것이 참된 사랑이다. 그 어떤 것도 강요할 수 있는 권리가 없다. 배우자의 경계를 절대 침해하지 말라. 이는 일종의 폭력이다.

3. 배우자와 경계를 접점으로 맞대는 것은 당신의 책임이다. 결혼은 아내와 남편의 책임을 다하는 것이다. 단독 청년 개인으로 사는 삶은 배우자를 방치하는 것이다. 배우자와 참된 만남을 위해 노력을

해야 한다. 계속 분리된 경계를 고집하고 있다면, 그 거리감에 다른 것들이 채워지게 될 것이다. 이는 일종의 간음이다.

    4.   두 사람이 서로를 위해 자기 자신을 자발적으로 찌그러뜨리기로 선택했다. 비로소 아름다운 하트가 완성되었다.

그렇다면 이렇게 아름다운 대칭의 하트 모양을 완성하기 위해서 우리가 구체적으로 어떤 항목들을 연합해야 할까? 총 7가지 영역으로 구분해 보았다. 1. 영적 연합 2. 정서적 연합 3. 육체적 연합 4. 사회적 연합 5. 경제적 연합 6. 일상생활의 연합 7. 부모 역할의 연합이다. 자세한 사항은 5부에서 살펴볼 예정이다.

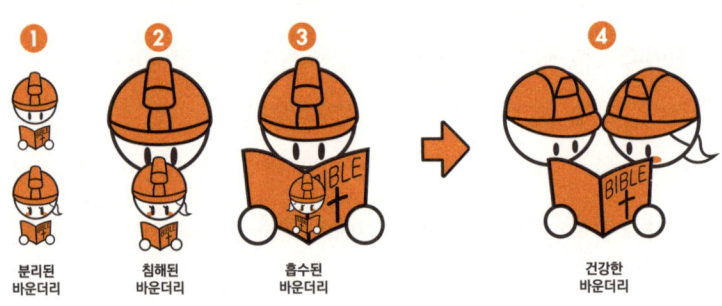

[그림3-6] 공사장에서 작업하는 부부의 바운더리 최종 정리

3 결혼 생활에서 예상되는 어려움
청년의 자아가 무너지기 시작하다

부부 연합의 단계

"법조문으로 된 계명의 율법을 폐하셨으니 이는 이 둘로 자기 안에서 한 새 사람을 지어 화평하게 하시고" (엡 2:15)

성가대 합창을 떠올려 보자. 성가대 일원들이 한목소리로 음의 하모니를 맞춘다. 천상의 예배다. 이토록 '연합'의 아름다움을 모르는 크리스천은 없을 듯싶다. 그런데 연합이 말처럼 쉽기만 할까? 연합을 원하고 바라는 만큼, 무색하리만치 멀어지고 있는 현실의 괴리감은 어떻게 처리해야 할까? 컴퓨터처럼 입력값을 넣으면 출력값이 바로 도출되는 수식이 존재하지 않는 현실의 괴리감이 있다. 둘이 하나로 연합된 찬양이, 결코 가볍게 이룰 수 있는 경지는 아닌 듯하다.

그렇다고 포기할 수도 없다. 부부가 열중하여 공사 작업에 몰입하는 중이다. 어떻게 하는 건지만 알려준다면, 해결하고 싶은 의지는 분명하다. 우리는 앞 장에서 결혼은 신앙생활과 유사하다는 비밀을 들었다. 연합에 관한 문제도 신앙 안에서 해결 방법을 반드시 찾을 수 있다. 다음 단계를 차근히 따라가 보자.

STEP 1. 청년의 때라는 자유

청년의 때에는 마음껏 하고 싶은 대로 살았다. 밤늦게까지 친구들을 만나고 놀다가 들어왔다. 혼자 있고 싶으면 마음껏 혼자만의 시간을 즐겼다. 내가 번 돈을 오롯이 나를 위해서만 썼다. 친하게 지내던 친구들과 조금 서운한 일이 생기면, 바로 새로운 친구로 갈아탔다. 기분 나쁜 일이 있으면, 잊어버리기 위해 적당히 회피하는 방법도 잘 먹혔다. SNS에 잔뜩 치장한 나를 업로드하고 나면, 내 자아가 충분히 괜찮다는 느낌을 받았다. 성취감에 매료되어 끝없는 자기 계발에 몰두했다. 내면의 깊이를 추구하기보다 성공하고 인정받는 삶을 추구했다. 신앙적으로도 크게 나쁘지 않았다. 주일에 예배를 빠지지 않았고, 봉사도 잊지 않았다. 누구한테도 직접적인 피해가 되는 일은 하지 않았으니, 이 정도면 나쁘지 않았다. 그럴싸하고 괜찮은 '나의 자아'라는 가면은 꽤 잘 먹혔다. 다른 사람들과 적당한 거리에서 꽤 그럴싸한 자존심을 유지할 수 있었다. 가끔 아주 친한 지인들이 나에게 서운해하는 것 같기도 했다. 나를 손절한 사람들도 있었다. 솔직히 나도 문제가 있을 순 있겠지만, 그 사람도 이상했다. 다른 사람은 나와 잘 지내는데 내가 무슨 문제라고 하는지 이해할 수가 없다. 가끔 몰려오는 미칠 듯한 공허함과 외로움도 있기는 했다.

STEP 2. 청년의 자아가 무너지기 시작하다

결혼을 했는데, 배우자와의 관계가 쉽지만은 않다. 신혼 때는 괜찮았다. 그런데 자꾸 배우자가 나에게 불만을 느끼는 것 같다. 왜 그럴까? 처음에는 적당히 덮어 보려고 해 보았다. 그런데 결혼 연차가 흐를수록 괜찮아지지 않는 것 같다. 싸움이 계속되고, 배우자와 거리가 멀어지는 것 같다. 솔직히 고민이 되기 시작한다. 청년의 때는 아주 가까이에서 나를 면밀하게 조목조목 관찰하는 존재는 없었다. 그런데 이제는 다르다. 나의 언행에 대해서 무서우리만치 직접적으로 영향을 받는 배우자가 있다. 배우자는 나의 일거수일투족을 알고 있는 사람이다. 그런 사람이 나에 대해 하는 평가를 무시하기는 쉽지 않다. 배우자가 나에게 했던 말을 혼자 있을 때 되새겨 보았다. 어쩌면 배우자의 말이 맞는 것 같다. 내가 고슴도치의 사랑을 하고 있는 건 아닌지 모르겠다. 내 가시를 빼내지 않으면 가장 가까이에 있는 배우자를 계속 다치게 할 것 같다. 어쩌면 나는 사랑에 대해 잘 이해하지 못하고 있는 듯싶다. 사랑해 주고 싶었던 배우자가 아파하는 모습이 나 때문임을 조금씩 실감하게 된다. 그러고 보니, 예전에 나에 대해 지적했던 사람들도 비슷한 이야기를 했던 것 같다.

STEP 3. 문제의식을 느낀다

하나님께 내 문제를 들고 나아갔다. 혹시라도 내가 문제가 있는 것이라면 깨닫게 해달라고 기도했다. 마침, 주일 설교를 통해 나의 죄를 보게 하셨다. 신기하게도, 배우자가 나에게 이야기했던 부분과 겹쳤다. 나의 죄가 어떻게 하나님과 나 사이를 갈라놓았는지 깨달아졌다. 이 죄 때문에 배우자와 잘 지내는 데에도 매번 방해가 되었다는 사실을 체감했다. 나는 내 뜻대로, 내 생각대로 일이 진행되어야 마음이 편한 사람이다. 이게 죄라는 생각을 한 번도 하지 못했었다. 그런데 나의 고집과 자기주장이 배우자를 얼마나 힘들게 하는 건지 이제 조금 보이기 시작하는 것 같다.

STEP 4. 옛 자아를 버리고 새 자아를 선택한다

크리스천이 되고 새로운 사람이 되었던 것처럼, 결혼 생활에서도 옛 자아를 자꾸만 붙들고 있어서는 안 되겠다는 결단이 섰다. 정욕으로 상대방을 내 멋대로 뒤흔들고 싶은 나의 죄성을 십자가에 못 박기로 했다. 나는 더 이상 청년의 자아가 아니다. 이 관계를 위해서라도 매 순간 성령 충만함을 선택해야겠다. 나의 뜻이 아니라 하나님의 뜻이 이루어질 수 있도록 나아가기로 결심했다.

4 결혼 생활에서의 신앙 개념 적용
회개는 쾌변과 같다

모든 죄의 뿌리, 나 중심성

모든 죄의 뿌리는 '나 중심성 = 교만'이다

위의 모든 죄는 하나로 통한다. 그것은 바로 '나 중심성'이다. 내가 인생의 주인이 되고 싶은 욕구에서 시작된다. 만약 크리스천이 아니라면, 이게 무슨 문제인지 발견하지 못할 수 있다. '원래 다 자기 기분과 생각이 중요한 거 아닌가?'라고 의아해할 수 있다.

그러나 신앙의 기본은 인생의 주인은 '나'가 아닌 '하나님'이라는 진리를 받아들이는 데서 출발한다. 이를 거부한다면 하나님을 올바로 경배하지 않는 불신앙의 상태다.

이는 태초에 아담과 하와가 지은 죄이자, 우리의 죄이다. 하나님의 자리를 철저히 빼앗는 것이다. 하나님이 하나님 되셔야 하는 곳에 내가 들어 차 있는 상태, 이는 '교만'의 죄다. 모든 죄의 뿌리는 바로 이러한 '교만'에서 비롯된다.

실제   교만한 사람의 시각

[그림3-6] 교만한 사람의 과대망상적 시각

교만에 대한 10가지

1. 교만은 과대 자기에 대한 합리화로 시작된다.
2. 교만은 배우자의 죄를 정죄하고 판단하는 심판자 자리에 앉는 것이다.
3. 교만은 스스로의 진짜 모습을 인정하지 않는 자기기만, 일종의 속임수이다.

4. 교만은 자기 자신에 대해 지나치게 묵상하는 착각이다.

5. 교만은 더 섬기고 낮아지기를 극도로 거부하는 완고함이다.

6. 교만은 자아를 위해 배우자와 예수님을 희생양으로 삼는 것이다.

7. 교만은 원래의 나보다 더 나은 모습으로 비치기를 바라는 왜곡된 시각이다.

8. 교만은 내 결정과 바람에 관한 방해물은 전부 제거하고 싶은 분노로 표현된다.

9. 교만은 거짓 자아이기 때문에 늘 불안을 동반한다.

10. 교만은 예수님의 자리에 대한 반역 행위다.

간혹 죄와 회개에 대해 언급하면, 스스로를 자학해서 뜯어고쳐야 한다는 압박감에 괴로워하는 경우가 있다. 지나치게 자신의 죄를 셈하며 자신을 용서하지 못하겠다는 언급도 흔하다. 얼핏 보기에는 아주 정결한 삶을 추구하는 것 같지만, 이 또한 아주 정확하게 '교만'의 일종일 뿐이다.

다시 말하지만, 교만이란 '나'에게 집중하는 마음이다. 나의 '죄'에 대해서도 내 방식대로 집중하고 있다면, 이 또한 교만이다. 하나님의 시선으로 바라본다면, 나의 죄악에 대해서도 지나치게 고민할 필요가 없다. 자신을 얼마나 대단하다고 생각했길래, 그 죄가 그토록 의아한가. 성경은 우리가 죄를 지을 수밖에 없다는 사실을 인정하라고 한다. 또한 그 죄를 스스로 처리할 수 없음도 인정하라고 한다.

심리학하는 교회언니 헵시바의 **결혼상담**

내가 죄인 되었을 때 사랑하신 하나님의 사랑에 나를 내어 맡기기만 하면 끝이다(롬 5:8). 그렇게 뻔뻔해도 되냐고 묻는다면, 이 또한 교만이다. 자꾸 교만이라는 말을 반복해서 불편하다면, 그 또한 교만이다.

우리는 기본적으로 교만한 죄의 본성이 있다. 나 중심이 아닌 사람이 어디 있겠는가. 내가 얼마나 교만한 상태인지를 평가해 보려면, 하루에 자기 자신에 대해 얼마나 많은 시간을 투자하고 있는지를 생각해 보면 정확하다. 이것이 '과대 자기'다. 세상은 나 중심이 아니라 하나님 중심으로 돌아간다. 또한 다른 사람의 죄에 대해서 얼마나 자주 셈하고 있는지를 평가해 보면 된다. 우리는 다른 이의 마음속 동기를 알 수 없으니, 현상만 보고 판단할 수 없다. 그야말로 '판사놀이'를 하는 위치에서 내려와야 한다.

회개는 쾌변과 같다

하나님이 원하시는 건, 우리 모두를 감옥에 가두고 벌주려고 하시는 게 아니다. 예수님이 이미 벌은 다 받으셨다. 그저 고백으로 충분하다. 왜 그럴까. 하나님은 하나님의 '영광'에 가장 관심이 있으시다. 회개의 고백을 통해 하나님은 더 높아지시고, 나는 그저 피조물임이 드러나기 때문이다. 우리가 회개를 많이 할수록 하나님도 남는 장사다.

우리의 주제를 바로 알면 신앙생활이 아주 편해진다. '나'에 대한 지나친 생각을 '하나님'을 묵상하는 시간으로 돌려놓아야 겸손을 향해 갈 수 있다. 내가 주인공이 아니라 하나님이 주인공이라면, 삶이 아주 수월해진다. '하나님' 중심으로 생각하기를 훈련하자.

대학생 시절 CCC 여름 수련회에서였다. 선포된 말씀을 통해 사단이 '비교 의식'이라는 강력한 무기를 사용한다는 사실을 들었다. 그래서 '비교'하는 마음 자체가 죄라는 말씀이었다. 그때 '아하!' 하는 깨달음이 왔다. 광명의 빛이 내 영혼에 분명히 내리쬐는 느낌이 들었다. "앞으로 '비교'라는 단어 자체를 제 삶에서 지워버리겠습니다. 회개합니다." 비교가 죄라면, 치워 버리면 그만이었다. 오답을 발견하고 나니 얼마나 개운했는지 모른다. 회개는 세상에서 가장 합리적인 선택이다. 틀린 방향을 억지로 고집할 필요가 없다. 그날의 회개를 통해 나는 언제나 비교 의식을 경계하며 산다. 당시에, 이 말씀을 듣지 못했더라면, 불필요한 비교 의식으로 내 삶을 얼마나 낭비했을까 싶다. 이날의 회개를 통해 얼마나 많은 시행착오를 줄일 수 있었는지 지금 생각해도 너무 감사하다.

회개하기 전까지는 장님이 어둔 대로를 걷는 것처럼 답답했다. 삶의 가장 치명적인 영역에서 지속적으로 발을 헛디디면서도 그 근본 원인도 해결책도 발견하지 못했다.

그러나 죄를 정확하게 진단받았을 때, 비로소 답답함을 제거할 수 있다. 비록 수술 작업이 남아 있다 하더라도 이 염증 덩어리만 제거한 다면, 앞으로 시름시름 앓지 않아도 된다는 소망이 생긴다.

크리스천은 '죄'로 인해 죽는 것이 아니라, 죄를 '고백'하지 않았기 때문에 죽는다. 단순히 예수님의 이름을 의지해 고백만 하면 되는데, 어려울 것이 무엇인가? 신앙생활은 알고 보면 쉽다. 어려운 일은 예수님이 다 해주셨기 때문이다. 완벽해지려고 애쓰는 것이 아니라, '정직' 해지기만 하면 된다. 정직한 죄의 고백은 우리의 영혼을 참으로 살게 한다.

회개는 쾌변과 같다. 배설물을 변기에 버리듯 정리하는 작업이다. 속이 다 시원하다.

배우자를 힘들게 하는 31가지 죄의 목록

다음은 배우자를 힘들게 하는 31가지 죄의 목록을 살펴볼 것이다. 이러한 자기 성찰을 통해 배우자와의 관계에서 발생한 갈등을 해결하고, 더 건강한 관계를 만들어 나갈 수 있다.

부부 생활에서도 관계를 방해하는 죄의 영역을 다루는 것은 미래를 밝힌다. 이를 다루지 않는다면, 어떤 심리 치유와 정신 의학적 분석도 코끼리 다리 잡듯 부분적일 수 있다. 부부 사이에 문제가 생겨도 도대체 어떻게 처리해야 하는지 혼란스러워하는 경우가 대부분이다. 하나님께 혹시 고백해야 할 '죄'의 영역은 없는지를 구해보자. 죄를 인식하고 회개하면 달라진다. 죄를 조명하면서, 죄의 열매들도 분별 되기 시작한다. 어떤 식으로 부부 관계를 방해하고 있었는지 파악하면, 앞으로 나아갈 방향이 분명해진다. 틀린 정답지를 붙들고 헤매지 않아도 된다. 배설물과 같은 죄를 분리수거해 버리기만 하면 된다.

배우자와의 관계에서 오랫동안 묵은 죄를 배출하도록 돕고 싶다. 성령님의 조명하심에 따라, 내 죄를 분명히 밝히실 것을 기대하며, 다음 목록을 숙지해 보자. 힘겨루기도 져줄 수 있는 여유와 사랑이 생긴다. 불필요한 자존심을 붙들고 목숨 걸지 않아도 괜찮기 때문이다. 모든 일을 '하나님' 중심으로 생각한다면, 내 인생이 지나치게 무거울 필요도 없고, 지나치게 경박해지지도 않는다.

(*다음 죄와 관련된 성경 구절은 스터디북을 참고하면 된다.)

1. 거짓말 : 사실을 있는 그대로 말하지 않고 왜곡하거나 과장하는 것

2. 고집, 불순종 : 모든 견해와 기호에 있어서 항상 자신이 결정하기를 원하는 것

3. 힘의 남용과 오용 : 배우자 위에 군림하며 말과 행동으로 사사건건 지배하려는 것

4. 적대감과 다툼 : 상처받았다고 여겨질 때, 맞대어 보복하고 고의로 싸움을 거는 것

5. 술취함과 방탕 : 절제 없이 취하고 중독되어, 배우자와의 일상 생활과 건강에 지장을 끼치는 것

6. 간음 : 배우자가 아닌 다른 사람을 은밀하게 상상하고 탐하는 것

7. 분노 : 화풀이로 배우자에게 독을 뿌려 그 내면을 죽이는 것

8. 비웃음 : 단순한 유머라는 합리화로 배우자를 은근히 비꼬는 것

9. 비판과 판단 : 배우자에 대해 전부 알았다고 착각하고, 판사 놀이를 일삼는 것

10. 외식 : 속임수로 자기 자신의 죄와 약점을 가리고 위장하는 것

11. 자기의 : 자신의 언행은 항상 옳고 의롭다고 믿는 것

12. 험담 : 배우자에 대한 뒷담화를 일삼는 것

13. 짜증 : 매사가 자신의 의도대로 진행되지 않을 때마다 탓하고 분노하는 것

14. 까다로움 : 자아의 노예가 되어, 자신의 자아를 극진하게 모시도록 배우자에게 요구하는 것

15. 인정받으려는 마음 : 자신의 가치를 과대 포장하려는 욕망을 정당화하는 것

16. 불신앙 : 배우자의 선한 의도를 의심하고 악의적으로 판단하는 것

17. 무관심 : 자기 자신에게만 몰두해 배우자에게 관심과 에너지를 쏟지 않는 것

18. 세상을 사랑함 : 배우자보다 세상 욕심과 성취를 앞세우고 계속 탐하는 야망

19. 분주함 : 조용히 물러나 침묵의 묵상 시간을 보내지 않고, 배우자와 질적인 시간을 보내지 않는 것

20. 시기심 : 배우자가 더 좋은 것, 많은 것을 얻는 것을 차마 눈 뜨고 보지 못하고 굴욕감을 주거나 앙갚음하는 것

21. 자기연민 : 배우자가 자신을 끊임없이 돌봐줘야 한다고 여기는 한의 마음, 자신의 죄를 돌아보기보다 상처만 곱씹는 것

22. 사랑없음 : 마땅히 배우자에게 도움이 필요한 상황에서도 모른 척 하고 냉담한 것

23. 인색함 : 돈에 과도한 의미를 부여하고 생존의 위협으로 여기는 것

24. 허영 : 배우자 외에 다른 사람의 시선을 지나치게 의식하고 포장하는 것

25. 낙심 : 배우자의 도움을 구하지 않고, 지레 포기하고 마음을 닫아버리는 것

26. 불평 : 배우자에게 받은 것을 감사하지 않고, 더 많은 섬김을 계속 요구하는 것

27. 게으름 : 마땅히 해야 할 책임을 배우자에게 미루고 시간을

허비하는 것

28. 다른 사람을 기쁘게 하려는 마음 : 배우자보다 다른 사람들의 인정에 더 갈급해 하고, 배우자를 뒷전으로 여기는 것

29. 용서하지 않음 : 배우자의 잘못을 볼모로 삼아 쉬지 않고 심문하고 괴롭히는 것

30. 음행 : 배우자와 일정한 거리감을 두고, 겉과 속이 다르게 행동하는 것

31. 처음 사랑을 잃어버림 : 배우자와 처음 사랑에 빠졌을 때의 열정을 잃어버린 것

31가지 중에서 나의 핵심적인 죄를 3가지 골라 보자. 죄를 명확하게 인식했다면, 다음은 '예수 그리스도의 보혈'만 의지하면 된다. 회개는 고개 숙여 미안하다는 말로 모면하는 것이 아니다. 수치심으로 가리는 자기 합리화도 아니다. 눈물 한 바가지 쏟고 비굴하게 굴라는 뜻도 아니다. 앞서 언급했듯이, 내 삶에 아무런 도움이 되지 않는 쓰레기를 분리수거해 내버리는 작업이다.

5 추가 심화 내용
배우자는 절대 속지 않는다

가정예배의 본질

가정예배는 부부 연합의 최종 목적지다. 부부의 연합을 위해 죄를 처리하는 시간을 가졌는가? 이는 끊임없이 하나님과 배우자 앞에서 반복되어야 하는 작업이다. 그리고 이 작업은 수없이 들어왔던 '가정예배'와 깊이 연관되어 있다. 원래 성만찬은 가족들이 둘러앉아서 하는 식사였다고 한다. 형식적인 종교 행위가 아니라, 살아 있는 삶과 관계가 깊다.

사례 : 동기형제는 청년의 때를 교회 스펙으로 꽉꽉 채운 그야말로 교회오빠였다. 동기형제는 남편으로서 어떻게 살아야 하는

지에 관한 책과 강의를 숱하게 접해왔다. 자연스레 미래의 아내에게도 기대하는 바가 점점 높아졌다. 아내가 남편을 존중하지 않는다고 느낄 때마다, 비판의 잣대를 들이대고 싶고 분노가 솟구쳐 올랐다. 매주 드리는 가정예배에서 강력한 순종에 관한 말씀을 준비해 피력하기도 했다. 그럴 때마다 아내는 간혹 눈시울을 붉히고 서서히 기가 죽어갔다. 은근히 가정 예배를 피하고 집안에는 냉기가 감도는 날이 잦아졌다. 냉소적인 남편의 눈으로 바라본 아내는 신앙생활조차 성실하지 못한 부족한 사람일 뿐이었다. 동기형제는 아내가 더 개선되기 위한 방법을 찾다가, 유명한 목사님의 설교 영상을 지속적으로 공유하기로 마음먹었다.

위의 사례는 잘못된 가정예배의 대표적인 모습이다. 겉으로는 가정예배를 드리고 있다고 하지만, 내면은 예배가 오히려 우상이 되어 하나님이 받으실 수 없는 모습이 되어 버렸다.

다음은 가정예배를 위한 3가지 점검 사항이다.

1) 한 사람의 일방통행식 메시지는 위험하다

예배는 하나님을 높이는 시간이다. 가정예배를 드릴 때, 남편이 아내에게 순종하라는 성경 구절을 인용해 설교를 준비한다고 해보자. 처음에는 아내가 귀 기울여 듣는 것 같아 효과가 있는 것처럼 보일 수 있다. 그러나 가정예배를 핑계 삼아 자신의 분풀이를 하는 것은 아닌지 살펴

보아야 한다. 예배는 하나님이 높아지는 시간이지, 자기 생각을 높이는 데 이용되는 수단이 되어서는 안 된다.

2) 배우자는 절대 속지 않는다.

때로는 외부에서 칭찬받는 크리스천이라도, 배우자가 바라본 민낯은 충분히 다를 수 있다. 공예배에서는 숨길 수 있었던 내면을 직면할 절호의 기회다. 배우자는 하나님 다음으로 내 속을 꿰뚫어 보는 사람이다. 결코 속일 수 없다. 배우자 앞에서 깊은 내면을 감추며 예배한다면, 차라리 안 드리는 게 나을 수 있다. [4]종교적 예배 의식에 출석하는 것만으로는 진실된 예배가 될 수 없다. 진정한 예배는 가정예배를 통해 일어난다. 비로소 배우자와 함께 깊은 성찰과 회개의 나눔이 가능해진다.

3) 가정예배의 형식적 의식이 목표가 되어서는 안 된다.

크리스천들에게 '믿음의 가정'에 대한 잘못된 이미지가 있는 것 같다. 믿음의 가정이란, 남들 눈에 훌륭해 보이는 신앙의 가정을 이룩하는 것이 아니다. 가정예배를 빠짐없이 드린다는 자부심이나 자랑거리가 되어서는 안 된다. 가정에서도 왕 되신 하나님 앞에 무릎 꿇고 겸손함을 회복하는 자리여야 한다. 철저히 '인간'임을 고백하는 순간이다. 결혼 생활의 한계를 마주할 때마다, 하나님이 주인 되지 않는 지점을 회개하고 돌이키는 것이다. 서로를 섬기는 것조차 우리의 힘으로는 되지 않음

---

4 나는 인애를 원하고 제사를 원하지 아니하며 번제보다 하나님을 아는 것을 원하노라 (호6:6)

을 인정하는 순간이다.

흔히 삶으로도 예배드려야 한다는 이야기를 많이 들었을 것이다. 가정예배는 실로 예배와 가장 맞닿아 있는 최적의 장소다. 진실된 가정예배를 통해 단순히 주일 예배에만 참석하는 크리스천을 넘어, 365일 24시간 생생하게 살아내는 삶의 예배가 된다.

배우자의 신앙 성숙은 어떻게 도와야 할까? 결혼 후 배우자의 신앙이나 성품에 아쉬움을 느끼는 경우가 많다. 성경적인 가정을 꿈꾸지만, 상대방은 관심이 없어 보일 수도 있다. 신앙생활에 더 열정적인 쪽에서 답답함을 느낀다. 어떻게 동기부여를 해줄 수 있을까? 혼자만 노력한다고 되는 일이 아닌가 싶어 답답해질 수 있다. 비신자와 결혼한 경우라면 회심을 언제까지 기다려야 할지 마음이 조급해질 수도 있다.

우리는 모두 완벽하게 성화 된 사람이 아니다. 따라서 한 사람이 예수님인 척 잘해주는 것도 금방 허점이 드러난다. 죄에 대한 일방적인 설교는 먹히지 않을 가능성이 크다. 배우자는 당신의 성화 되지 못한 부분을 정확히 지적할 준비가 되어 있을 것이다.

"그래서 너는 나보다 얼마나 잘났기에 우월한 척하는 거야?"

배우자보다 조금이라도 앞선다는 순간 영적 소통은 막혀버린다. 하나님 앞에 의인은 하나도 없기 때문에[5], 이 방식은 반드시 실패한다. 소

---

5 기록된 바 의인은 없나니 하나도 없으며 깨닫는 자도 없고 하나님을 찾는 자도 없고 다 치우쳐 함께 무익하게 되고 선을 행하는 자는 없나니 하나도 없도다 (롬3:10-12)

통은 평등한 관계에서만 이루어질 수 있다. 배우자와 나는 이미 한 몸을 이룬 사람임을 기억하는 것이 도움이 될 수 있다. 배우자의 신앙을 돕는 가장 효과적인 방법은 진실된 나눔이다.

배우자는 하나님 다음으로 당신을 가장 정확하게 파악하고 있는 사람이다. 배우자가 당신의 고칠 점을 지적해줄 때, 그것을 받아들이고 함께 성장하는 것이 중요하다. 다음은 실천할 수 있는 구체적인 내용이다

- 배우자와 함께 오늘 들었던 주일 설교 내용을 나누어 보자.
- 최근 하나님 앞에서 스스로 회개한 부분을 나누어 보자.
- 남편과 아내로서 성경적 가치관에 따라 충분히 실천하지 못한 부분을 사과해 보자.
- 서로의 내밀한 필요를 위해 깊은 중보기도를 해 주자.
- 함께 찬양하고 감사의 고백을 올려드리자.

Chapter 4.
남편은 지붕 아내는 기둥

1. 결혼 현실 수용하기
남편은 지붕 아내는 기둥

나는 지난 책 『심리학하는 교회언니 헵시바의 연애상담』에서 남편은 집의 지붕이고, 아내는 집의 기둥이라고 언급했다.

남편은 지붕이 되어 가고, 아내는 기둥이 되어 가는 과정이 바로 결혼 생활이다. 지붕만 있고 기둥이 없는 집을 상상해 보라. 기둥을 감싸지 않으면, 지붕은 무용지물이다. 그래서 기둥이 없으면 지붕은 무너진다. 아무리 열심히 노력하며 살아도 마음 한편이 늘 공허하다. 스스로 쓸모 없는 사람이라는 생각에 남몰래 주눅이 든다. 결혼 전 남편의 심정이다.

반대로 기둥만 있고 지붕이 없는 집은 어떨까? 비바람이 올 때 위험에 바로 노출된다. 늘 외롭고 처량하다. 지붕의 도움과 보호가 절실하다. 스스로를 보호하기 위해 아무리 두꺼운 옷을 입어도 시리는 마음을 가누기 어렵다.

그런데 이제는 딱 어울리는 지붕과 기둥이 합을 이루었다. 부부는 서로가 꼭 필요한 최상의 궁합이다. 하나님은 이처럼 우리의 필요를 보충하기 위해 우리 부부를 서로 다른 모습으로 지으셨다.

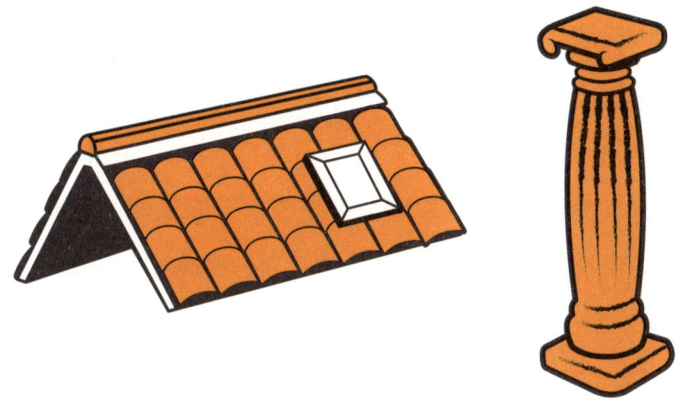

[그림4-2] 남편은 지붕, 아내는 기둥

건강한 남편의 역할

먼저, 건강한 남편의 역할을 알아보자. 하나님은 남편에게 머리됨의 역할을 요구하시며 '힘'을 부여해 주셨다. 이는 가정의 첫 번째 권위를 허락해 주셨다는 의미이다. 그래서 건강한 남자는 자신의 힘을 건강하게 사용할 줄 아는 남자다. 그러나 힘을 제대로 쓰지 않는 왜곡된 두 종류의 남편이 있다.

1. 무책임한 남편이다.

애초에 지붕의 역할을 하지 않는 남편이다. 아내와 감정적으로 거리를 두며, 가정을 위해 최소한의 힘과 에너지만 쓰고도 문제의식을 느끼지 못한다. 아내의 감정이나 생각에 관심을 두지 않고, 일상적인 대화에서도 내밀한 감정이나 진짜 욕구는 드러내지 않는다.

자연스럽게 부부는 일, 취미 활동, 지인과의 만남, 교회 사역 등에만 매달리며 지낸다. 가끔 아내가 친밀감을 요구하면 적당히 회피하거나 합리화한다. 깊은 이야기를 나누는 것을 극도로 꺼려하며 아내와 늘 일정 거리를 유지하려 한다. 이런 유형은 경제적으로도 최소한의 노동으로 만족하는 경우도 있다. 경제의 규모를 떠나서, 성실히 책임을 다하지 않는 베짱이와 같다. 아내에게 남편의 도움이 절실하다는 사실 자체를 간과한다.

성경에서는 아내와 '동거'(벧전3:7[1])하라고 했다. 가정에 대한 책임을 회피하고 아내에 대해 냉담한 것은, 가정의 리더로서 마땅히 해야 할 책임을 회피하고 있는 것이다. 그 결과 아내는 남편이 져야 할 책임을 떠안게 된다. 시간이 지나면서 아내는 내적으로 외로움을 느끼거나, 심할 경우 우울감에 빠질 수 있다. 남편 역시 친밀감을 채우기 위해 건강하지 못한 방법을 취할 가능성이 있다. 극단적인 경우 간음의 죄를 범하거나, 경제적인 책임을 아예 등질 수 있다.

---

[1] 남편들아 이와 같이 지식을 따라 너희 아내와 동거하고 그를 더 연약한 그릇이요 또 생명의 은혜를 함께 이어받을 자로 알아 귀히 여기라 이는 너희 기도가 막히지 아니하게 하려 함이라 (벧전3:7)

2.   가부장적인 남편이다.

지붕이 기둥을 완전히 제압하고 눌러 버렸다. 이는 흔히 알고 있는 가부장제 유형이다. 아내의 감정적 경계를 무시하고 자신의 권위를 남용한다. 아내를 열등하게 취급하고 아내의 감정과 의견을 무시하며, 자신의 결정에 반대하면 거칠고 무례해진다. 자발적으로 봉사하지 않으면서 아내가 게으르고 불손하다고 비난한다. 요구 사항은 밑도 끝도 없이 많다.

아내는 남편의 억압에 눌려 위축되기 쉽고, 심할 경우 화병에 걸릴 수 있다. 이 유형의 남편은 아내를 지배하려다 모든 것을 잃게 된다. 아내의 사랑도, 주변의 신임도 잃고 날이 갈수록 괴팍해진다.

지붕이 기둥을 누르게 되면, 지붕 자신의 높이가 한없이 낮아지게 된다. 그래서 아내를 억압하는 남편은 결국 사회에서도 가장 낮은 위치에 자리잡게 된다.

건강한 아내의 역할

성경적 아내는 기둥이다. 건강한 아내는 든든하고 섬세한 지원자다. 하나님은 아내에게 남편을 돕는 역할을 맡기며, 통찰력을 주셨다. 건강한 여자는 지혜를 분별력 있게 사용하는 여자이다. 다음은 하나님이 주신 지혜를 잘못 사용하는 두 가지 유형의 아내에 관한 설명이다.

1.	바가지 긁는 유형의 아내다.

지붕을 끊임없이 흔들고 못살게 구는 기둥이다. 남편의 감정적 경계를 침해하며, 끊임없이 잔소리하고 감정적으로 행동한다. 남편에게 기본적인 예의를 지키지 않고, 도가 넘어선 대접을 바란다. 눈치껏 남편이 자신의 기분을 맞춰 주길 기대하며, 수시로 남편을 조종하려 든다. 자녀들에게 남편에 대한 뒷담화를 하면서, 서서히 남편을 소외시킨다.

이러한 아내와 함께하는 남편은 점차 심리적 거리를 두게 된다. 비 오는 날 계속 떨어지는 빗방울같이 (잠27:15[2]) 골치 아프고 대처하기 어려운 존재다.

2.	대장 유형의 아내다.

지붕의 역할 자체를 박탈한 아내이다. 남편의 권위를 무시하고 스스로 가장 역할을 맡는다. 남편보다 자신이 낫다고 여기며 남편의 존재 자체를 무시하고 모든 결정에 주도권을 행사한다. 극단적일 경우, 남편은 아내 없이는 아무것도 할 수 없게 되고, 아내는 또 그런 남편을 비하하면서도 자신의 권력을 결코 놓지 않는다.

남편의 자존감은 점점 추락하고, 심각한 수준의 심리적 장애를 겪

---

2 다투는 여자는 비 오는 날에 이어 떨어지는 물방울이라 (잠27:15)

을 수 있다. 상황이 이 지경인데도 아내는 끝까지 남편이 진심으로 열등한 탓이라고 믿는다. 이 가정에는 지붕 역할을 하려는 기둥만 존재한다. 엄밀히 말하면 가정의 기둥도 지붕도 제 역할을 하지 않는 가장 기형적인 형태의 가정이다. 무엇이 잘못되어 있는지조차 외부적으로 인식하기 어렵기 때문에, 문제가 발견되었을 경우에는 이미 심각하게 비기능적인 가정이 되었을 가능성이 크다.

내가 건강하지 않은 지붕과 기둥이라면

위 사항은 앞으로 논의할 남편과 아내됨에 대한 가장 기본 중의 기본이다. 어느 정도 건강한 가정이라면, 위의 경우를 놓치고 있을 리가 없다. 레벨 1단계 수준이다. 따라서 위의 경우 중 하나라도 해당된다면 위험하다. 배우자는 당신 때문에 정신적으로 심한 스트레스를 받고 있을 것이다. 부부 관계에 이미 적신호가 켜져 있다.

물론, 위의 경우가 어느 정도 경향성은 있을 수 있다. 중요한 것은 스스로 인지하고 주의하려고 노력하고 있느냐 하는 점이다. 그렇다면 희망이 있다. 위의 4가지 상황이 장기화된다면 치명적이다. 하나님 앞에 점검하지 않으면 조만간 반드시 문제가 발생한다. 배우자는 당신을 참고 견디고 있을 뿐, 자발적인 사랑은 점점 식어가고 있을 것이다.

성경의 기본 원칙은 상대방을 동등한 인격체로 여기고 책임과 의무를 다하는 것이다. 만약 계속 건강한 지붕과 기둥의 역할을 회피한다면, 결국 자녀 세대까지 부정적인 영향이 흐르게 된다.

2. 결혼 청사진 이해하기
당신은 몇 점 짜리 배우자입니까?

배우자에게 점수 잃는 법, 점수 얻는 법

앞 장의 내용이 '기본 중의 기본'이었다면, 이번 장은 조금 더 나아간 내용이다. 남편과 아내는 서로의 성별을 바꿀 수 없기에, 서로의 심리적인 타격을 완전히 이해하거나 공감하기 어렵다. 그래서 같은 수준으로 충격을 받는 내용을 표로 정리해 보았다.

이 표를 보면서, 상대방을 압박하는 도구로 사용할 수도 있다. 그러나 그러한 방식은 크게 효과적이지 않다. 자기 자신을 되돌아 보며, 상대에게 무심코 했던 언행들이 어느 정도의 타격을 주었는지 느껴보자. 상대방에게 상처를 주었던 부분을 나누고 사과하며 돌이키는 방향으로 쓰이게 되기를 바란다.

남편의 실수	아내의 실수
아내의 외모를 비하한다	남편의 능력을 비하한다
다른 여자에게 아내에게 하지 못했던 내밀한 이야기를 털어 놓는다	다른 남자에게 남편보다 더 많은 조언과 도움을 구하며 의지한다. 혹은 혼자 모든 일을 결정하고 남편에게 통보한다.
아내의 감정에 공감하거나 이해하지 않고 오히려 반대 입장을 이해해 보라며 설명해 준다.	남편의 의견과 생각에 사사건건 트집을 잡아 반박한다. 얼마나 자신이 똑똑한지를 남편에게 어필한다.
아내의 직관력을 뜬구름 잡는 소리라 여기고 경청하지 않는다.	남편의 분석력을 납득이 안 간다는 이유로 무시한다
아내의 출산과 육아 부담을 과소평가하고 더 잘하라고 질책한다	남편의 경제적 부담과 리더십을 과소평가하고 다른 남편과 비교한다
아내가 아플 때 돌보지 않는다	남편이 실패할 때 격려해 주지 않는다
아내가 도움을 요청할 때 잊어 버리거나 불평하면서 들어 준다	남편이 도와줄 때 종 부리듯 당연시하거나 더 잘 도와주라고 지적한다
아내에게 애정 표현을 게을리 하고, 당연히 알고 있을 거라 여긴다.	남편에게 감사 표현을 게을리 하면서, 더 많은 것을 주지 않는다고 불평한다.
아내의 생일과 결혼 기념일을 잊거나 제대로 챙겨주지 않는다	남편의 중요한 승진, 졸업, 성취 결과를 잊거나 축하해 주지 않는다
아내가 좋아하는 쇼핑이나 아름다움에 대한 추구를 과소평가하고 불필요한 낭비로 여긴다	남편이 좋아하는 운동이나 취미 활동, 혼자만의 시간을 과소평가하고 불필요한 낭비로 여긴다
아내가 눈물을 보일 때 위로하지 않는다	남편의 어깨가 축 쳐져 있을 때 격려하지 않는다
아내가 말할 때 말허리를 자르고 끝까지 듣지 않는다	남편이 말할 때 무시하는 눈빛으로 쳐다 보거나 비아냥거린다
처가 식구들에 대해서 큰 관심 없다	시댁 식구들을 적대시한다
아내에게 응석을 부리고 지나치게 의존한다	남편보다 더 성공하기를 바라며 남편과 경쟁한다

아내를 소유물로 여기고 안전을 핑계로 통제한다	남편의 일거수 일투족을 꼬치꼬치 캐묻고 자유를 허락하지 않는다
아내에게 형식적인 애정 표현을 해주면서 속아주겠거니 한다	남편의 말에 형식적으로만 순종하는 척 하면서 실천하지 않는다
아내 몰래 음란물에 빠져 있다	드라마와 영화 속 남자 주인공에 심취해 있다
아내에게 엄마처럼 무조건적으로 헌신하기를 요구한다	남편에게 아빠처럼 무조건적으로 헌신하기를 요구한다
아내의 대화요청을 무참히 거절하거나 조건부로 수용한다	남편의 잠자리 요청을 무참히 거절하거나 조건부로 수용한다
아내의 인간관계 중요성을 소홀히 한다	남편의 사회생활의 중요성을 소홀히 한다
아내가 얼마나 힘들까 헤아리고 마음 깊이 감싸주기 보다는, 아내에게 더 완벽한 기준을 요구한다.	남편이 진심으로 잘되기 위해 온 힘 다해 도와주기 보다는, 남편이 더 완벽한 사람이 아님에 끊임없이 불만을 갖는다.
아내의 감정적 욕구를 배려하지 않고, 남편이 원하는 대로 시시 때때로 결정한다	남편의 지도력을 무시하고 아내의 의견에 항상 무게 중심을 두고 결정을 한다
아내가 기분 나쁘다고 언급한 행위를 반복한다	남편이 분명히 반대한다고 언급한 일을 상의 없이 진행한다.
아내 외의 다른 여성에게 지나치게 친절하다	남편을 다른 남편과 비교한다

이번에는 상대방을 행복하게 하는 방법에 관한 논의다. 위의 표를 능동적으로 바꾸면 된다. 서로를 섬길 수 있는 적합한 방법에 대해서 고민하는 남편과 아내는 하나님께도 진실로 기뻐하실 것이다.

심리학하는 교회언니 헵시바의 **결혼상담**

남편의 도움	아내의 도움
아내의 외모에 대해 극찬한다	남편의 능력을 극찬한다
아내에게 속 터 놓고 내밀한 이야기를 나눈다	남편에게 늘 조언을 구하고 그 조언대로 행동한다
아내의 감정이 이해되지 않더라도, 아내의 편에서 공감하는 노력을 보여 준다.	남편의 의견과 생각에 항상 찬성하지는 않더라도, 그렇게 생각한 논리적인 타당성을 인정하는 말을 해준다.
아내의 직관력에 의지하여 결정을 내린다.	남편의 분석력을 의지하여 결정을 내린다.
아내의 출산과 육아 부담을 감사히 여기고 치하한다.	남편의 경제적 부담과 리더십을 감사히 여기고 치하한다
아내가 아플 때 특히 정성껏 돌본다	남편이 실패할 때 특히 공 들여 힘을 실어 준다
아내가 도움을 요청할 때 다른 일이 바쁘더라도, 우선순위로 행동하고 있음을 알려준다.	남편이 도와줄 때, 내키지 않는 부분이 있더라도, 잘해낼 것을 신뢰함으로 지속적으로 도움을 요청한다.
아내에게 애정 표현을 거르지 않는다.	남편에게 감사 표현을 거르지 않는다.
아내의 생일과 결혼 기념일은 특별히 미리 준비하고 챙겨준다.	남편의 중요한 승진, 졸업, 성취 결과에 관심을 갖고 특별히 챙겨준다.
아내가 좋아하는 쇼핑이나 아름다움에 대한 추구를 인정하고, 기꺼이 지지해준다.	남편이 좋아하는 운동이나 취미 활동, 혼자만의 시간을 기꺼이 지지해준다.
아내가 눈물을 보일 때 안아주거나 옆에서 함께 있음을 구체적으로 표현한다.	남편의 어깨가 축 쳐져 있을 때 안아주거나 옆에서 함께 있음을 구체적으로 표현한다.
아내가 말할 때는 하던 일을 멈추고 아내 눈을 맞추고 귀를 기울인다.	남편이 말할 때 남편도 공감이 필요할 때가 있음을 기억하고 끝까지 경청한다.

처가식구들에 대해서 능동적으로 챙기며, 사회생활만큼 노력한다	시댁 식구들에 관한 험담을 하지 않고, 최대한 화평하게 지낸다.
아내가 스스로의 욕구를 돌보지 못할 때, 미리 나서서 필요를 채워준다.	남편에게 홀로 있고자 하는 자유가 필요함을 인정하고, 개인 시간을 존중해 준다.
아내에게 가장 많이 마음을 쏟고 다양한 방식으로 애정을 표현한다	남편이 추구하는 방향성을 심사숙고하여 진심으로 동참한다
아내에게 형식적인 애정 표현을 해주면 속아주겠거니 한다	남편의 말에 형식적으로만 순종하는 척하면서 실천하지 않는다
아내 외의 여자는 돌처럼 여긴다	남편 외의 남자는 돌처럼 여긴다
아내의 헌신에 감사를 아끼지 않는다	남편의 헌신에 감동을 아끼지 않는다.
아내가 말을 걸 때는 무조건 수용한다. 응하기 힘들 때는 아주 조심스럽게 거절하고 다음 약속을 잡아둔다.	남편이 잠자리를 요청할 때는 무조건 수용한다. 응하기 힘들 때는 아주 조심스럽게 거절하고 다음 약속을 잡아둔다.
아내의 인간관계 중요성을 이해하고 적극 지원해 준다.	남편의 사회 생활의 중요성을 이해하고 적극 지원해준다.
아내가 얼마나 힘들까 헤아리고 마음 깊이 감싸주는 것이 무엇인지 이해한다.	남편이 진심으로 잘되기 위해 온 힘 다해 도와주는 것이 무엇인지를 진심으로 이해한다.
크고 작은 상황에서, 아내의 취향과 감정적인 욕구를 남편보다 우선적으로 배려한다.	남편의 지도력에 따르고, 남편의 의견에 우선적으로 무게 중심을 두고 결정을 한다
아내가 기분 나쁘다고 언급한 행위는 무조건 조심한다. 혹시 실수했을 때에는, 아내의 기분을 살피고 있음을 반드시 알려준다.	남편이 분명히 반대한다고 언급한 일을 우선 보류한다. 혹시 진행된 일이 있다고 하더라도 남편의 의견에 따라 변경될 수 있음을 반드시 알려준다.
다른 여성 앞에서는 특히 아내에게 더 친절하게 한다	다른 사람들 앞에서는 특히 남편에 대해 지나치게 과장해서 말하지 않는다

심리학하는 교회언니 헵시바의 **결혼상담**

건강하게 남편을 섬기는 법

내게는 두 아들이 있다. 우리 아들은 둘 다 100점 만점에 100점이다. 나는 우리 두 아들의 가능성을 100프로 신뢰한다. 내 아들들은 그야말로 '천재'다. 그런데 어떤 사람이 우리 아들들의 단점을 언급하며 흠을 잡는다면 어떨까. '도대체 우리 아이들에 대해서 얼마나 알고서 그런 말을 하는 걸까?' 충분히 알지 못한 채, 너무 성급하게 판단했다고 여길 것이다.

혹시 여기까지 읽고 불편한 마음이 들었다면, 죄송하다. 어쩌면 누군가는 나의 이런 태도를 왜곡된 모성애라고 비판할지도 모르겠다. 하지만 잠시만 내 이야기를 더 들어주기를 바란다.

물론 우리 아이들의 현재 모습이 완벽하다는 뜻은 결코 아니다. 내가 믿는 건 우리 아들들이 실수하고 시행착오를 겪더라도, 앞으로 반드시 '성장'하게 될 것이라는 믿음이다. 나는 우리 아들들의 가능성과 능력을 결코 의심하지 않는다. 그래서 나는 틈만 나면 우리 아들들의 눈을 쳐다보며 무언의 눈빛을 보낸다. 내 눈빛에는 이런 메시지가 담겨 있다.

'잊지마. 너는 천재야. 엄마는 너를 믿어. 너는 최고야.'

나는 우리 아들을 뜯어 고쳐서 더 '나은' 사람을 만들려는 선생이 아니다. 나는 엄마다. 엄마로서 내가 아이들에게 전하고 싶은 메시지는 이것 뿐이다. 그래서 자기 전에 나는 종종 이렇게 묻는다.

"엄마가 우리 아들을 몇 점으로 생각하고 있지?"

그러면 우리 아들은 자신 있게 외친다. "100점!!!!!!!!!!!"

어떤 사람들은 내가 아들한테 하는 행동이 과하다고 생각할 수도 있다. 그렇지만 나는 이 방법이 '남자'를 세우고 사랑하는 데 가장 효과적이고 강력하다고 믿는다. 책망과 지적, 통제하는 방법보다는 전적인 지지와 격려와 찬사를 보내는 방법 말이다. 이렇게 대우할 때, 아들이 실제로도 '최고'가 되게끔 하나님이 창조하셨다고 믿는다. 그래서 아이들에게 더욱 강하게 표현해 주고, 깊은 확신을 심어주려고 노력한다. 믿음은 사람을 만든다.

솔직히 말하면, 남편에게는 아들처럼 전적인 신뢰를 보내기가 쉽지 않다. 아들보다는 내가 더 '영향'을 받는 존재이기 때문에, 실수와 잘못을 눈감아 주기가 어렵다.

그럼에도 같은 방식으로 남편을 바라봐 주는 것이 하나님의 뜻임을 계속 상기한다. 왜냐하면 우리 남편 또한 전능하신 하나님의 '아들'이기 때문이다. 육신의 어머니가 자기 아들을 100점짜리 존재로 바라본다면, 하나님께서는 당신이 창조하신 당신의 아들인 우리 남편을 어떤 눈으로 바라보고 계실까? 이렇게 다시 남편을 향한 '존중'을 회복하곤 한다.

한 번 상상해 보자. 남편이 100점 만점에 100점을 이미 성취한 사람처럼 여겨진다면? 어떠한 경우에도 그 신뢰를 거두지 않고, 끝까지 지지해 준다면? 누군가는 반박할지도 모른다.

'하지만 남편이 그런 신뢰를 받을 만한 '근거'가 없잖아요?' 그러나 자매가 '사랑스러울 때만' 사랑받는다면, 얼마나 비참해지겠는가. 자매는 얼굴을 찡그릴 때에도, 병에 걸려 아플 때에도 무조건적인 사랑을 원하는 본능이 있다. 남편도 마찬가지이다. 세상이 모두 남편을 비난하는 큰 실패의 순간, 자신조차 스스로를 믿을 수 없을 만큼 무너지는 순간, 그때조차도 묵묵히 믿어주는 아내가 있다면, 남편은 목숨을 바쳐 아내에게 충성할 것이다.

남자를 움직이는 것은 말이 아니다. 남자를 변화시키는 데는 많은 말이 필요하지 않다. 오히려 남자를 가장 지치게 하는 것은 너무 많은 말이다. 남자를 잘 아는 여자는 '비언어적' 의사소통의 힘을 알고 있다. 반대로 남자를 모르면, 너무 많은 말로 남자를 더욱 지쳐 떨어지게 만든다.

눈빛 한 번,
미소 한 번,
제스쳐 한 번만으로도

남편을 연애 초창기의 그 설렘 속으로 되돌릴 수 있다. 우리는 연애할 때 이런 행동을 누가 시키지 않아도 자연스럽게 했었다. 남자는 시각에 약하다고 했다. 이는 남자가 여자의 표정과 몸짓에 집중하고 있음을 뜻하는 것이다. 남편을 위로 올려다보며, 반짝이는 신뢰의 눈빛을 보내 보자. 그리고 그 눈빛에 이런 마음을 담아보자.

'여보가 자랑스러워요. 지금 아쉬운 점도 있지만, 결국은 저와 우리 자녀들을 위해 해낼 거라 믿어요.'

이 세상에서 아내의 신뢰보다 더 강력하게 남편에게 영향을 줄 수 있는 무기는 단언컨대 없다.

건강하게 아내를 섬기는 법

이번에는 20대가 갓 넘은 자매를 상담했던 기억을 나누고 싶다. 자매는 경직된 종교인이었던 장로님 권사님의 딸이었다. 평생을 교회 울타리에서 '모범생'처럼 자란 이 자매는 하나님을 무섭고 두렵고 꽉 막힌 분으로 생각하고 있었다. 하나님은 수많은 율법 조항을 만들어서, 그 기준을 달성하지 못하는 우리에게 냉혹한 책망으로 벌주는 차가운 분으로 여겼다.

자매는 교회에서는 누구보다 많은 봉사를 감당했지만, 마음속 아주 깊은 곳에 반항심을 가까스로 억누르며 살아왔다. 하지만 이것마저도 죄라고 여겨, 죄책감의 굴레에서 자유롭지 못했다.

그러다 우연히 남자친구를 만났는데, 이 남자친구가 이단에 속한 사람이라는 걸 알게 되었다. 자매는 고민이 깊어졌다. 남자친구와 헤어지는 것이 하나님의 뜻이라는 것을 알았지만, 막상 결단을 내리는 것은 쉽지 않았다. 기도를 하면 아무 말도 나오지 않았고, 하염없이 눈물만 흘렸다.

"하나님의 뜻을 따르려면 내려 놓아야 하는데, 나는 왜 이렇게 연약하고 죄가 많을까?"

남자친구를 끊어 내지 못하는 마음과 하나님의 기준이 충돌하는 것 같아 심한 자책을 하고 있었다. 죄책감에 더해 부모님께 언제 들킬지 모른다는 불안감은 자매를 압박했다. 결국 우울감이 심해져 나를 찾아온 자매였다.

이 글을 읽는 대부분은 자매가 하나님을 오해하고 있다는 점에 동의 할 거라고 생각한다 터놓고 이야기하면, 자매가 대단히 큰 죄를 저지른 것도 아니지 않는가. 가녀린 자매를 보며 안쓰럽기 그지없었다. 자매를 바라보며 하나님의 마음을 구했다.

하나님이 이 자매를 꽃 '한송이'도 아닌, 꽃 이파리 '한 장'처럼 지으셨다는 마음을 주셨다. 얼마나 작은 바람에도 흔들릴 만큼 여리고, 얼마나 작은 상처에도 쉽게 앓는 존재인지. 그토록 여린 자매에게 너무 가혹하고 무거운 '짐'이 얹혀 있음을 보게 하셨다. 자매가 너무 안쓰러워서 내 마음도 저려왔다. 하나님이 얼마나 자매를 애지중지 여기시는지를 전해 주고 싶었다. 하나님은 자매에게 결코 엄격하고 날카롭게 심판하시는 분이 아님을 말했다. 노하기를 더디 하시며, 항상 먼저 사랑으로 품어주고 헤아리시는 하나님의 마음이 전해 지기를 원했다.

비단 이 자매뿐일까. 예수님은 세상의 모든 딸들을 향해, 아주 강한 보호 본능이 있으시다. 딸의 고통을 덜어줄 수만 있다면, 무슨 일이든 할 수 있는 게 건강한 아비의 마음이다. 아빠는 딸을 키우면서 이런 긍휼함과 보호 본능을 단 한 순간도 놓지 않았을 것이다.

성경에서는 아내가 남편보다 더 '연약한' 그릇(벧전3:73) 이라고 분명히 말한다. 어떤 강의에서 이 이야기를 하자, 고개를 절레절레 흔들었던 중년의 아저씨가 기억난다. 아마도 그 분이 생각하기에, 아내분은 아주 강한 사람이었을 것이다. 그렇지만 성경은 이를 지지하지 않는다. 아내는 남편 앞에서 아마도 '강한 척'을 했을 것이다.

여자마다 연약한 부분은 다 다르다. 오히려 남자보다 더 강해 보일 수도 있다. 그러나 확실한 게 하나 있다. 세상의 모든 여자는 자기가 사랑하는 남자 앞에서는 항상 여린 소녀의 마음을 간직하고 싶어한다. 천하의 대장부같은 여자라도 그렇다.

만약, 아내가 언제부터인가 남편 앞에서 약한 모습을 감춘다면, 그 관계는 여자가 이미 남편을 포기한 것일 수 있다. 마음의 문을 닫아 버린 것이다. 여자는 친할수록 반드시 자신의 약점을 공유하고 위로와 돌봄을 받기 원한다. 약해져 있을 때조차 도움을 받지 못한다면, 그 관계는 여자에게 더 이상 의미가 없어진다.

그래서 아내를 항상 '부드럽게' 대해 주라고 성경은 말한다. 여자들에게 최고의 인기남은 언제나 '자상한' 남자이다. 아마 천년이 지나도 여자들이 바라는 이 이상형은 결코 변하지 않을 것이다 하나님이 여자를 이렇게 만드셨다.

베드로전서 3장 7절에서 아내를 가장 '고귀한' 사람을 대하는 것처럼 대우하라고 말씀하셨다. 이 구절 앞에 '생명의 은혜를 함께 이어받을 자'로 알라는 말씀이 덧붙여져 있다. 인류의 역사를 보면, 남자보다 상대적으로 힘이 약한 여자의 권리가 낮게 평가되어 왔다. 이를 예상하신 하나님은 아내를 자신과 '동등한' 권리의 인격으로 존중하라는 말씀을 덧붙이신 거라 생각한다.

직장 생활에서 귀한 VVIP로 대접할 때 어떻게 하는가. 아무 말이나 툭툭 던지고, 제멋대로 무례하게 구는 사람은 없을 것이다. 공을 들여서 의전하듯이 여자를 대접해주는 것의 의미를 아는 남자가 지혜롭다. 여자는 특히 청각에 약하다고 했다. 여자는 나를 향해 어떤 '언어'를 '어떤 톤'으로 쓰고 있는지에 아주 예리한 안테나를 달고 있다. 신경질적인 톤의 목소리로 비판의 칼날을 가는 남자는 절대로 여자의 존경을 얻을 수 없다.

잘 아다시피, 결국 예수님과 같은 사랑을 아내에게 실천하라는 명령으로 귀결된다. 남자 자신에게 필요한 사랑의 언어, 다른 여자가 좋아하는 사랑의 언어가 아닌 바로 '내 아내'가 원하는 사랑을 찾아 보는 것부터 시작할 수 있다.

아내는 당신의 품이 필요하다. 당신의 지성보다, 당신의 이해가 필요하다. '이해심'이란, 잘못에 대한 비난을 최대한 자제하라는 뜻이다. 한없이 이해하고 덮어 준다면, 아내가 자기 중심적으로 변할까봐 걱정이 될 수도 있다. 그러나 이것이 바로 하나님께서 여자를 창조하신 방식이다. 하나님은 여자가 보호받고 이해받을 때에야 비로서 건강하게 순환될 수 있도록 지으셨다. 이해와 섬김과 배려는 자매를 존재 자체로 피어나게 한다.

　이렇게 남편에게 헌신적인 사랑을 받는 여자는 본래의 아름다움으로 반응하며, 충만한 표정과 몸짓으로 남편에게 화답한다. 이는 남자가 평생 경험한 그 어떤 성취를 뛰어 넘어서는 충만한 희열을 가져다 줄 것이다. 아내와 함께 즐겁게 사는 것은, 하나님이 일평생 수고하는 당신에 대한 선한 보상이다.(전9:9)

3. 결혼 생활의 예상되는 어려움
이기적인 남편과 오만한 아내

같이 살기 어려운 배우자의 유형

1-1. 같이 살기 어려운 수준의 아내

남편에게 수시로 비아냥거리고 실수할 때마다 어이없다는 표정을 짓는다. 은근히 남편을 자신보다 낮은 사람으로 대하고 깔본다. "이것도 못 하냐"며 우습게 여기거나 무시한다. 다른 남자와 비교하거나 때때로 비웃는다. 남편의 자존심에 직격탄을 가해놓고는 남자가 쪼잔하다고 비난한다. 남편의 의견을 단칼에 잘라 버린다. 자신이 모든 면에서 남편보다 우월하다고 생각한다.

이런 여자는 다른 인간관계와 사회생활에서도 지속적으로 문제에 부딪힌다. 다른 사람들은 여자의 오만한 언행이 불편하지만, 대놓고 말하지 않을 뿐임을 여자는 알지 못한다. 자신은 충분히 똑똑하기에 다른 사람들이 자신에게 별말을 하지 않는 거라고 생각한다. 실상은 어떤 조언을 해봐야 여자가 받아들이지 않을 것임을 알기에 무관심하게 내버려 두는 것뿐이다. 남편 또한 여자를 포기한 지 오래지만, 여전히 자기 자신을 사랑한다고 착각한다.

1-2. 같이 살기 어려운 수준의 남편

·아내의 약함을 경멸한다. 아내가 눈물을 보일 때 호통을 친다. 아내를 신랄하게 비판하며 냉정하게 대하면서 자신이 우위에 있다고 생각한다. 아내가 감당하기 어려운 일들을 끝없이 요구하고 시비조, 불평조로 일관한다. 아내를 구석으로 몰아세우고 다투기를 즐기며, 논쟁에서 이기는 것을 좋아한다. 아내에게 잡혀 살지 않기 위해서 아내가 꼼짝 못하도록 구석으로 모는 것이 옳은 방향이라고 여긴다.

이런 남편은 나이가 들수록 자신의 입지가 좁아지는 것을 느끼지만, 그 이유를 알지 못한다. 더 예리하고 날카로운 이성을 추구하면 사람들에게 인정받을 수 있다고 착각한다. 약자를 향한 사랑과 배려 없는 태도의 무례함을 깨닫지 않는 한, 외톨이가 되는 것은 시간문제다. 아내에게 상처를 주는 언행을 수도 없이 했으면서도, 아내만큼은 자신을 존경하고 있을 거라고 착각한다.

2-1. 남편에게 아빠 역할을 기대하는 아내

자기 기분이 태도가 되어 버렸다. 끊임없이 남편이 자기 기분을 풀어주고 눈치껏 움직여 주기를 기대한다. 입을 다물거나 빙빙 돌려서 이야기하면서 남편이 자신을 배려하지 않는다고 생각한다. 혹은 은유나 과장법을 이용해 소설을 창작하면서 상대방을 '나쁜 놈'으로 만들어 버린다. 별 일 아닌 일에도 과하게 상처 받고, 앙심을 오래도록 간직한다.

여자는 더 이상 아이가 아니다. 자기 자신의 마음은 스스로 지킬 수 있어야 한다. 자기 감정을 세심하게 다 맞추어 주기를 기대하는 태도는 초등학생 여자아이와 다름없다. 이는 사회생활에서도 마찬가지다. 지나치게 민감하고 까다로운 여자는 '피곤한' 상대일 뿐이다.

오해하면 안된다. 여리고 섬세한 마음에 상처받는 것은 죄가 아니다. 그러나 자신의 상처에만 갇혀 상대방 목을 조르는 것은 다른 문제다. 상대방 마음을 불편하게 만들면서 눈치주는 행동을 계속 반복한다면, 건강한 관계는 전부 종말을 고할 것이다.

아무도 자신에게 상처 주어서는 안된다는 신념은 철저히 자기 자신이 '갑'이 되겠다는 오만함이 아니고 무엇이겠는가.

2-2. 아내에게 엄마 역할을 기대하는 남편

자기 자신의 안전과 행복이 가장 중요한 관심사다. 항상 아내에게 요구사항이 많고, 제한없이 대접받는 것을 당연한 듯 여긴다. 아내가 이것도 해주었으면 좋겠고, 저것도 해주었으면 좋겠고 바라는 목록은 한도 끝도 없다. 아내에게 실현 가능하지 않은 높은 기준을 내세우며 무한한 헌신을 기대한다.

어떤 경우는 정서적으로도 아내가 소심해지는 것보다 남편이 더 소심하게 군다. 아내가 힘들어할 때는 "내가 더 힘들다"고 주장한다. 거친 일을 대신 감당해 주기보다는 아내가 뒷수습을 해주거나 보조 도우미가 되기를 기대한다.

남자는 더 이상 아이가 아니다. 남자를 위한 헌신을 '엄마'에게나 바랄 일이 아닌가. 아내가 엄마처럼 모든 상황을 포용해주고 이해해줄 것을 기대해서는 안된다. 이런 남편에게 아내는 그야말로 '질려'버린다. 사회생활에서도 이런 남자는 나이가 들수록 점점 부담스러운 짐짝같은 상대가 되어 버린다.

아내에게 결코 기대지 말라는 의미가 아니다. 때로 남자에게도 돌봄이 필요하다. 하지만 남편은 아들의 위치가 아닌 첫번째 리더십의 역할이 있다. 예수님처럼 자발적으로 섬기고 낮아지는 헌신의 모습은 아내의 마음을 감동시키기에 충분하다. 아내를 너무 오냐오냐 이해해 준다면, 더 큰 요구가 되돌아 올까봐 걱정스러울 수도 있다. 그러나 이는 여자에 대한 가장 큰 오해다. 사랑 받는 여자는 그 분량이 채워지면, 반드시 아무 조건 없이 그 사랑을 흘려 보내게 되어 있다.

남자의 이기심과 여자의 오만함

사랑에 두 가지 형태가 있다고 생각한다. 이는 '존경(인정의 언어)'과 '사랑(관심과 돌봄)'이다. 우리는 이제 성인이 되었다. 배우자에게 온전한 '존경'과 '사랑'을 동시에 받기를 기대하기를 어렵다. 성경에서는 남편은 아내에게 '존경'받는 방향으로, 아내는 남편에게 '사랑'받는 방향으로 안내해주고 있다.

배우자에게 두 종류의 사랑을 '전부' 다 받으면 안되는지 의아할 수 있다. 그러나 둘을 동시에 추구하는 방식은 아직 어린아이에서 벗어나지 못했다는 증거다.

앞서 언급했듯이, 여자가 남편에게 인정도 받고 싶어 '갑'이 되는 순간 남편에게 아빠 역할을 바라며 괴롭히게 된다. 남편 또한 아내에게 '사랑'받고 싶어서 이런 저런 요구를 멈추지 않는다면, 아내에게 엄마 역할을 기대하며 버겁운 짐을 지우는 것이다.

성경은 우리가 이제 성인이 되었으니, 두 가지 형태의 사랑을 배우자에게는 '동시에' 바라지 말라고 가르치고 있는 것은 아닐까.

남편과 아내 역할에서 가장 핵심적인 방해물은 남자의 이기심과 여자의 오만함이라고 생각한다. 성경에서 남편에게 아내를 사랑하라고 했지만, 사랑의 반대는 이기심이다. 아내에게 남편을 세우고 인정해주라고 했지만, 인정해주기 싫은 마음은 오만함이다. 아들과 딸의 역할에서 성장해서 '남편'과 '아내'로 성장해가는 길목에 있다.

• 남자의 이기심 "내가 제일 소중해(중요해)."

1. 내가 일을 거들어 주지 않으면 아내가 피곤하다고? (아들 모드 : 나도 피곤해. 내 몸이 제일 소중해.)
2. 아내가 울면 내가 위로해 줘야 한다고? (아들 모드 : 자기 감정은 자기가 알아서 해야지. 나까지 힘들 필요 있나. 약한 척 엄살 부리면서 내 관심을 유도하는 건 못 본 채 하는게 상책이야. 내 기분이 제일 소중해.)
3. 아내가 나보다 애정 표현이 더 필요하다고? (아들 모드 : 글쎄? 나도 애정이 필요해. 내가 먼저 표현하냐 내가 사랑받는 게 제일 중요해.)
4. 아내 때문에 내가 먹고 싶은 것, 하고 싶은 취미를 포기해야 한다고? (아들 모드 : 말도 안 돼. 내가 얼마나 소중하게 생각하는 일인데, 포기가 왠 말이람. 내가 원하는 게 제일 중요해.)
5. 아내가 싫어하는 행동을 하지 않는 게 배려라고? (아들 모드 : 무슨 말이야? 내가 평생 살아온 방식을 존중해 줘야지. 내가 하고 싶은 게 제일 중요해.)

심리학하는 교회언니 헵시바의 **결혼상담**

6. 아내가 집안일도 완벽하게 하면서 맞벌이를 요구하는 건 무리라고? (아들 모드 : 그 정도는 당연한 봉사 아니야? 내가 혜택을 받는 게 제일 중요해.)

7. 아내 때문에 내가 더 손해 보는 게 사랑이라고? (아들 모드 : 누가 그 따위 소리를 해? 나는 내 자신이 제일 중요해!)

8. 아내가 완벽하지 않더라도 무조건적으로 사랑하라고? (아들 모드 : 그런 이상향을 누가 실천하면서 살아? 나는 내 자신이 제일 소중하고 중요하다고!!)

- **여자의 오만함 "내가 제일 잘나가(잘났어)."**

1. 남편을 나보다 높여주는 게 존경이라고? (딸 모드 : 뭐래? 내가 뭐가 부족해서? 나도 칭찬받고 싶어! 내가 제일 잘났어.)

2. 남편에게 시시때때로 감사와 칭찬을 표현해 줘야 한다고? (딸 모드 : 나같은 여자를 사랑하려면 그 정도는 당연한 거 아니야? 지금도 100점도 아닌데 무슨 감사를 해? 내가 제일 잘났어.)

3. 남편에게 필요한 게 있다면 겸손한 마음으로 요청해야 한다고? (딸 모드 : 그렇게 구질구질하게? 나를 사랑한다면 나한테 알아서 맞춰줘야 되는 거 아니야? 내가 제일 잘나가.)

4. 남편이 완벽하지 않은 부분을 뒤에서 도와줘야 한다고? (딸 모드 : 남편은 나를 도대체 뭘 도와주고 있는거지? 나같이 잘난 여자가

왜 보조 역할을 해? 내가 제일 잘났어.)

    5.   남편이 간혹 실수하더라도 끝까지 믿어줘야 한다고? (딸 모드: 내 마음에 상처를 준다는게 가당키나 해? 나라면 그런 실수 안 했을거야! 내가 제일 잘났어.)

    6.   남편이 알아서 내 기분을 맞추기를 기대하면 안 된다고? (딸 모드 : 남편이 내 눈치를 보는게 당연한 거 아니야? 내가 제일 잘나가.)

    7.   남편을 예수님처럼 찬양하고 순종하는 태도가 존경이라고? (딸 모드 : 순종이라니 그게 무슨 조선시대 이야기야? 오히려 남편이 내 말에 토다는 건 참을 수가 없어. 내가 제일 잘나가!)

    8.   남편이 어떤 행동을 하더라도 무조건적으로 인정하는 태도를 가져야 한다고? (딸 모드 : 그런 이상향을 누가 실천하고 살아? 나는 내가 제일 잘났다고!)

4. 결혼 생활에서의 신앙 개념 적용
'자기부인'이라는 듣기 싫은 말

자기부인은 자기사랑과 대치되지 않는다

'작은 일에도 생색을 내고 까다롭게 굴면서 군림하는 남편을 어떻게 존경할 수 있을까?'

'걸핏하면 빈정거리거나 내 말허리를 잘라 버리는 아내에게 어떻게 온유하고 오래 참을 수 있겠는가?'

그렇게 죽고 못 살 정도로 사랑한다고 외치던 신혼부부가 어느새 남보다 못한 사이가 되어간다. 사랑이 빠르게 식어 이혼을 결심하는 부부의 모습이 더 이상 낯설지 않다. 사랑을 실천하기 위해 최선을 다해 보지 않은 것은 아니다. 그런데도 자꾸만 무너진다.

이쯤 되면 자주 들어왔던 '자기 부인'이 등장해야 할 것이다. 그렇지 않다면 건강한 남편과 아내에 대한 논의는 이상적인 것에 불과하다. 결혼 생활의 치열한 과정에서 반드시 마주치고 넘어가야 하는 것이 바로 '자기 자아self'이다.

그렇다면 자기부인이란 무엇인가? 자기부인은 자기사랑과 반대되는 것인가? 자기부인은 자신을 미워하고 억압하는 것인가? 나의 모든 필요와 바람을 무시해야 하는가? 내 유익을 추구하는 것이 이기적인 것인가? 나는 버려두고 다른 사람만 챙겨야 하는 것인가? 성경이 우리 자신을 돌보는 것을 철저히 반대한다고 생각하면 큰 오해다.

결론부터 말하자면, 그런 것이 아니다. 오히려 건강한 '자기사랑'을 토대로 세워져야 한다. 자신을 사랑하고 용납할 수 없는 사람은 자기를 부인할 수도 없다. 자기부인은 사랑의 범위가 넓어지고 성장해 나가는 '과정'이다. 사랑이 성장하는 가장 기본 바탕은 자신을 건강하게 사랑하는 것에서 시작된다.

우리 모두는 자신을 사랑하는 만큼 다른 사람을 사랑할 수 있다. 예를 들어, 어떤 사람이 자신의 외모의 특정 부분이 마음에 들지 않는다. 그 사람이 자신의 모습과 비슷한 유형의 다른 사람을 사랑할 수 있을까? 또 누군가 자신의 특정한 성격적 기질이 끊임 없이 개선되기만을 바란다고 하자. 그 사람은 배우자도 뜯어 고치려는 시도를 멈추기 어렵다. 따라서 자기 사랑과 용납은 사랑의 가장 기초이다.

심리학하는 교회언니 헵시바의 **결혼상담**

좋은 사람 vs 헵시바

잠시 내 이야기를 하고 싶다. 내 본명은 '좋은 사람'이라는 뜻을 가진 이름이다. 나는 언제나 착한 아이가 되어야만 사랑받을 수 있다는 정체성에 사로잡혀 있었다. 조건부로 사랑받는 것이 익숙했다. 그래서 끊임없이 노력했다. 부모님께 사랑받기 위해 공부를 했고, 하나님께 사랑받기 위해 열심히 신앙 생활도 했다.

그런데 내 노력은 항상 인간적인 한계에 부딪혔다. 그러면 좌절하고 죄책감에 빠졌다. 악순환이었다. 나는 이것이 성경에서 말한 자기부인이라고 믿었지만, 점점 뭔가 잘못되었다는 느낌이 들었다.

그러다가 한 사건이 생겼다. 자세한 이야기는 어렵지만, 살면서 내 안에 이렇게 많은 분노가 있다는 것을 처음 알았다. 그동안 내가 믿어왔던 모든 신념이 한꺼번에 무너져 버리는 듯한 고통이었다. 온 세상에 지진이 난 것 같았다.

신앙 생활에도 최대 위기가 찾아 왔다. 하나님은 어떤 이유에서 나에게 이런 일을 허락하셨는지 도무지 소화가 되지 않았다. 그동안 쌓아 올린 신앙의 지식으로 덮고 싶었지만, 한계를 느꼈다.

성경에서 말하는 '자기부인'이나 '사랑'따위는 쳐다 보고 싶지도 않아졌다. 이 정도로 손해를 입으면서까지 하나님을 믿어야 한다면, 차라리 믿고 싶지 않았다. 이 사건만큼은 하나님 안에서 도무지 긍정적으로 해석하기 어려웠다.

감사하게도 나는 이 일을 계기로 하나님을 또 다른 차원으로 만나게 되었다. 그건, 철저하게 '내 편'이 되어 주시는 하나님이셨다. 지구 끝까지 분노해도 괜찮다고, 나를 이해한다고 다독여 주셨다. 분노라는 감정을 하나님께서 오롯하게 수용해 주신 부분이 너무 감동이었다. 이제는 '좋은 사람'의 타이틀에 묶여서 살지 않아도 된다는 기쁜 소식이었다.

"다시는 너를 버림 받은 자라 부르지 아니하며 다시는 네 땅을 황무지라 부르지 아니하고
오직 너를 헵시바라 하며 (...) 이는 여호와께서 너를 기뻐하실 것이며 네 땅이 결혼한 것처럼 될 것임이라(사62:4)

'헵시바'라는 이름을 다시 생각나게 하셨다. 이제는 헵시바의 정체성으로 살라는 부활의 소식이었다. 헵시바는 하나님이 나를 '무조건'적으로 기뻐하신다는 이름이었다. 내가 지나치게 애쓰고 노력하지 않아도 된다는 자유였다. 훌륭한 크리스천이 되지 않아도, 대단한 업적으로 나를 증명하지 않아도 괜찮았다. 내 모습이 어떠하든지 충분히 사랑받을 만한 존재라는 확인 도장이었다. '헵시바'라는 이름은 내 존재, 내 감정, 내 인격, 내 상황에 대한 완벽한 수용을 담은 애칭이었다. '헵시바'라는 이름이 미치도록 좋았다. 하나님 안에서 진정으로 수용받는다는 진리가 나에게 고스란히 전해졌다. 내가 애써 쟁취한 사랑이 아니었다. 평생을 갈망하며 찾아 헤매던 인정과 사랑의 순수한 경험이었다.

심리학하는 교회언니 헵시바의 **결혼상담**

〈 자기부인에 대한 오해 〉　　　　〈 하나님이 원하시는 자기부인 〉

- **의미** : 감정과 생각 억압, 자아 상처 입히기　● **의미** : '죄악'의 사슬 끊기
- **결과** : 완고한 율법주의자, 개성 말살, 정신 질환 등　● **결과 :** 자유, 평안, 기쁨 등

[그림4-3] 자기부인에 대한 오해와 진실

　이 경험 이후, 내가 알고 있던 '자기부인'이 잘못 되었다는 것을 깨달았다. 자기부인은 나 자신의 감정을 부인하거나, 스스로를 학대하는 것이 아니었다. 만약 이런 식으로 자기를 부인해야 한다면, 도저히 자기 자신을 부인할 수 없는 지점에 마주 대하게 된다. 각종 정신 질환이 걸리거나, 완고한 율법주의자가 될 수밖에 없다. 겉으로는 신앙 생활을 유지하고 있겠지만, 마음으로는 하나님을 떠나고 싶을 것이다.
　하나님이 원하시는 자기 부인은 나의 '죄'에 대해서 죽으라는 요구였다. '죄'는 한마디로 하면 자기 중심성이다. 나 또한 언급했던 사건을 통해 나 스스로에게 두었던 많은 비중이 끊어짐을 경험했다. 그 전까지는 내 삶이 잘 되기 위해서 하나님을 믿었던 것인지도 모른다. 그러나 이 사건 이후에는 자아에 대한 과도했던 집착이 사라졌다. 종종 찾아 오던 무기력과 우울 증세도 완전히 끊어졌다.

또 아주 큰 변화가 생겼다. 내가 죽고, '헵시바'로 살아난 이후에는 '이웃 사랑'이 더 이상 힘들지 않았다. '사역'이라고 이름 붙여진 모든 행위에 대해서도 마찬가지였다. 왜냐면 '내 자아'가 더 앞서지 않게 되었기 때문이었다. 성령님 안에서 하나님이 시키시는 만큼만 일하고, 그렇지 않을 때는 편안하게 쉴 수 있었다. 이전의 나였다면 이기적이라고 비난했을 법했다.

또 다른 변화도 있었다. 더 이상 내 존재를 남들에게 입증할 필요가 없어졌다. 내 자신이 그렇게 중요하지 않아졌기 때문이었다. 신기하게도 신앙적으로도 이전처럼 그렇게 '노력'하지 않았음에도 불구하고 여전히 같은 자리에서 만나 주시는 예수님과의 교제는 더 좋아졌다.

나를 이렇게 사랑해 주시는 예수님이 원하시는 변화에는 자발적으로 내어 드리고 싶은 부분들이 많아졌다. 이 과정 역시 항상 부활과 맞물려 있었기 때문에 크게 힘들지 않게 느껴졌다. 내 힘이 아닌 '성령님'이 공급하시는 능력으로 이루어졌기 때문이다. 나는 그저 성령님께서 공급하시는 만큼 살면 되었다.

무릇 그리스도 예수와 합하여 세례를 받은 우리는 그의 죽으심과 합하여 세례를 받은 줄을 알지 못하느냐 그러므로 우리가 그의 죽으심과 합하여 세례를 받음으로 그와 함께 장사되었나니 이는 아버지의 영광으로 말미암아 그리스도를 죽은 자 가운데서 살리심과 같이 우리로 또한 새 생명 가운데서 행하게 하려 함이라 (롬6:3-4)

결혼 생활에서의 자아의 죽음

다시 결혼 생활로 돌아가 보자. 부부가 한 성전을 건축하기 위해 연합하여 힘을 모으기 시작한다. 설계도는 예수님 관리자만 열람할 수 있기에, 예수님이 시키는 대로 각자 은사의 분량대로 믿음의 집을 지어가고 있다. 그런데 무언가 이상하다. 공사장 안에 '건축 재료'가 보이지 않는다. 나무나 벽돌이 어디에 갔을까? 어떤 재료로 공사를 시작해야 하는지 난감하다.

"주 안에서 성전이 되어 가고… 예수 안에서 함께 지어져 가느니라"(엡 2:21-22)

'되어 가고, 지어져 간다'고 했다. 함께 교회를 '지어 간다'라는 능동형 표현이 아니라 수동형으로 되어 있다. 이게 무슨 말일까? 건축 재료는 애초부터 따로 없었다.

조금 무시무시하게 들릴지도 모르겠지만, 남편과 아내 그 자체가 성전의 재료였다. 남편과 아내의 '자아'가 믿음의 가정의 직접적인 재료가 된다. 다음 그림을 보면, 단번에 이해가 가능할 것이다.

[그림4-1] 십자가에서 자아가 죽은 부부가, 지붕과 기둥으로 부활하는 장면

자아의 죽음은 죄의 죽음을 뜻한다. 우리는 '죄'에 대해 죽어야 한다. 신앙 생활을 하며 귀에 못이 박히도록 들어왔던 내용이다. 이는 바로 그리스도의 '성화'의 과정이다.

내 마음대로 하고 싶고, 내 뜻대로만 살았던 자아가 죽고, 부활된 정체성으로 산다. 이는 청년의 자아가 죽고, 남편과 아내로 변모하는 과정으로 이해할 수 있다.

결혼 현실 속에서 '죄'는 더 이상 추상적인 것이 아니다. 우리의 가정을 위협하는 아주 구체적이고 현실적인 문제로 다가온다. 신혼기를 지난 부부에게 상대방의 죄의 실상에 대해 말해보라고 해보자. 아마 어렵지 않게 배우자의 죄를 인식하고 있을 것이다. 그렇다면 '나'의 죄는 어떠한가. 결혼 생활에서는 애벌레가 나비로 변모하듯 반드시 거쳐야만 하는 과정이 있다. 이 과정에는 '고통'이 반드시 수반된다.

자아의 죽음은 죽음으로만 끝나지 않는다. 새로운 아내와 남편으로 변모하는 삶은 단지 힘겨운 자기 희생의 길만이 아니다. 그것은 허벅지를 찌르며 참아내야만 하는 억압의 길이 아니다. 이렇게만 오해한다면, 결국 그 끝은 자신에 대한 자책과, 아무리 부단히 노력해도 변화하지 않는 상대에 대한 경멸로 가득 찰 것이다.

성경적인 자기 부인은 곧 온전한 자기 사랑과 동일한 의미. 그것은 예수님 안에서 옛 자아가 아닌 새로운 피조물로 살아가는 방식을 뜻한다. 새로운 이름은 하나님 안에서 진정으로 사랑받는 존재로 부활하는 것을 의미한다. 이 새로운 정체성을 통해 우리는 다른 사람들을 더 건강하게 사랑할 수 있다. 하나님 앞에서 무조건적으로 받은 사랑과 수용은 다른 사람들에게도 자연스럽게 전해진다.

우리의 결혼생활에서도 마찬가지다. 우리는 더 이상 청년 자매, 청년 형제가 아니다. 이제 우리는 누군가의 '남편'과 '아내'라는 새로운 이름으로 태어났다. 청년 시절의 나는 독립적인 존재였다. 그러나 남편과 아내는 다른 '누군가'와의 관계성을 바탕으로 한 이름이다. 결혼 전의 나는 그저 조은이였다. 그러나 예수님과의 결혼을 통해 '헵시바'라는 이름을 받게 되었다. 또한, 육신의 남편의 '아내'이자 두 아이의

'엄마'로 불리게 되었다. 여기에는 늘 '관계성'이 따라 온다.

성경에서도 하나님이 사람에게 새로운 이름을 지어주시는 장면이 많다. 아브람('큰아버지')은 아브라함('열국의 아비')이 되고, 사래('공주')는 사라('열국의 어미')가 되었다. 이렇듯 이름이 바뀌면 정체성이 바뀐다. 이제는 남자와 여자가 아니라, 남편과 아내가 되었다. 남자와 여자가 아니라, 집의 지붕이자 기둥이 되었다.

"오직 너희의 심령이 새롭게 되어 하나님을 따라 의와 진리의 거룩함으로 지으심을 받은 새 사람을 입으라"(엡 5:23-24)

옛 청년의 이름을 잊고, 성령 안에서 새 자아로 살아가는 삶을 선택하자. 이것은 남자와 여자가 아닌 남편과 아내로서의 진정한 결혼생활이며, 성령 안에서 살아가는 삶이다. 이 삶은 새로운 정체성으로 사랑받고 사랑하며 살아가는 건강한 성경적 결혼생활의 유일한 비결이다. 진정한 자기 부인은 겸손이다. 겸손은 자신을 낮추는 것이 아니라, 자신을 '아예' 생각하지 않는 것이다.

심리학하는 교회언니 헵시바의 **결혼상담**

5. 추가 심화 내용
결혼은 최고의 자기계발

배우자를 섬기고 싶지 않을 때

여기까지 읽고 나면, 남편과 아내를 섬기는 방향성이 이해는 가지면, 왜 이렇게까지 섬겨야 하는지 내적인 동기부여가 되지 않을 수도 있다. 그래서 이 장은 배우자를 섬기는 방향성이 곧 '나' 자신을 위해서도 최고의 선물임을 설명하고, 구체적인 실천 사항과 그 결과를 기록했다.

우리는 남편과 아내의 도움 없이 우리는 '치우친' 사람이 되기 쉽다. 남성성과 여성성의 균형, 이성과 감성의 균형, 현실과 이상의 균형, 일의 결과와 과정의 균형을 갖추기 위해서는 배우자의 도움이 절절하게 필요하다. 또한, 상대방에게도 나의 도움이 반드시 필요하다. 이는 미혼의 상태에서는 경험할 수 없는 '성숙'을 가져다준다.

하나님을 기쁘시게 하는 삶은 남편과 아내가 되면서 비로소 연습할 수 있다. 미혼 자매에게 '존경'이 무엇인지 물어보자. 그 깊이를 어느 정도 이해하고 있을까? 기혼 자매들은 비록 형제에게 온전한 존경을 다 표현하지 못할지라도, 그것이 무엇인지는 이해해가는 과정 중에 있다. 마찬가지로, 미혼 형제에게 '헌신'을 묘사하라고 하는 것과 기혼 형제가 느끼는 희생적인 사랑의 깊이는 다를 수밖에 없다.

아내를 울리는 남편은 하나님도 울린다. 남편을 무시하는 아내는 하나님을 무시하는 것이다. 아내의 행복을 돕는 남편은 하나님을 기쁘시게 하고, 그 결과로 자기 자신도 최상의 만족감을 누리며 살 수 있다. 남편의 성공을 돕는 아내는 하나님의 나라 확장을 위해 쓰임 받으며, 그 결과로 아내도 최상의 평안을 누릴 수 있다. 이를 이해하는 순간, 남편과 아내를 어떻게 대하는 것이 신앙 생활과 어떻게 직결되는지를 분명히 깨닫게 될 것이다.

실천 사항과 그에 대한 열매

다음은 남편의 실천 사항이다.

1. 아내가 원하는 것을 예수님을 기쁘시게 한다는 마음으로 아낌없이 해준다.

2. 아내가 감정적으로 싫어하는 언행은 예수님의 마음을 상하게 한다는 생각으로 일절 하지 않는다.

3. 아내가 스트레스를 받을 때 자신의 존재를 잃을 정도로 관심을 기울인다. 이는 예수님께서 원하시는 이웃 사랑의 실천으로, 그 어떤 사명보다도 중요함을 인식한다.

4. 아내의 영혼, 육체, 마음을 위해 늘 중보하며 보호해준다. 보호하는 방법을 모를 때는 성령님께 기도로 지혜를 요청한다.

다음은 아내의 실천 사항이다.

1. 남편의 조언을 예수님의 말씀이라 생각하고 받아들여 실천한다.

2. 남편이 반대하는 결정은 예수님의 뜻에 어긋난다고 생각하고 수긍한다.

3. 남편이 특히 격려가 필요할 때는 자신의 모든 것을 다해 남편을 지지한다. 예수님께 직접 예배드리는 것보다 더 중요함을 인식한다.

4. 남편의 영혼, 육체, 마음을 위해 늘 중보하며 힘을 보태준다. 남편을 세우는 방법을 모를 때는 성령님께 기도로 지혜를 요청한다.

다음은 남편이 가정의 지붕 역할에 헌신할 때의 열매다.

1. 아내는 정서적으로 깊은 안정감을 누리게 되고, 영혼과 육체가 보호받는다.
2. 아내는 남편을 신뢰하고 의지하며, 자신의 가장 아름다운 모습으로 꽃피운다.
3. 아내는 기쁜 마음으로 자발적으로 집안일을 부지런히 돌본다.

반면 남편이 지붕 역할에 헌신하지 않을 때는 다음과 같다.

1. 아내는 깊은 외로움 속에 빠진다.
2. 아내는 스스로를 보호하기 위해 점점 억세지고 딱딱해진다.
3. 아내는 자신을 돌볼 여력이 없어 매력을 잃어간다.
4. 아내는 마음 깊이 상처를 입고 슬퍼한다.

다음은 아내가 기둥 역할에 헌신할 때의 열매다.

1. 남편의 어깨가 활짝 펴지고 자부심을 느끼며 담대해진다.
2. 남편은 내면의 성숙뿐만 아니라 하나님이 원하시는 선한 영향력을 발휘하게 된다.
3. 남편은 아내와 모든 것을 의논하며 불필요한 시행착오를 줄인다.

심리학하는 교회언니 헵시바의 **결혼상담**

반면 아내가 기둥 역할에 헌신하지 않을 때의 열매는 다음과 같다.

1. 남편은 항상 근심이 가득하고 마음이 무겁다.
2. 남편의 내면은 위축되고 소심해진다.
3. 남편은 점차 가정과 자녀에게 무관심해진다.
4. 남편은 사회적 인정에 과도하게 몰입하거나, 직업적 성취를 회피하는 경향을 보이게 된다.

왜 이렇게까지 남편과 아내의 역할에 헌신해야 할까?

때로는 너무 힘이 들어 포기하고 싶어질 수도 있다. 그러나 남편과 아내로서의 헌신은 최고의 자기 계발이다. 우리는 청년 시절을 지나 중년의 장으로 향하고 있다. 세상의 절반은 나와 다른 성별을 가진 사람들이다. 남편과 아내를 섬기는 것을 진정으로 이해한 사람은 세상의 절반을 이해할 수 있는 통찰력을 얻게 된다. 이는 당신이 어디에서 무엇을 하든 최고의 자기 계발이 될 것이다.

또한, 진정으로 남편을 존경하고 있는지, 진정으로 아내를 사랑하고 있는지, 그 중심된 태도를 하나님은 달아 보신다. 다른 사람들을 속일 수 있을지라도, 상대방은 배우자의 헌신의 분량을 정확히 알아차리고 반응할 것이다.

결국 상대방을 섬김으로써 가장 큰 유익을 누리게 되는 것은 우리

x가정이며, 그 가정의 구성원인 나 자신이다. 이런 가정은 풍성함이 넘치고, 하나님 안에서 좋은 것들을 가득 누리게 된다.

여호와를 경외하는 여자는 칭찬을 받을 것(잠9:10)이라고 했다. 진실로 그렇다고 나는 믿는다. 상대방에게 나를 섬기라고 강요할 수 없다. 내 스스로 하나님 앞에 결단하는 예배가 되어야 하며, 그 결과는 하나님 앞에서 정산될 것이다.

성숙하지 않은 사람은 마땅히 거쳐야 할 단계를 미루고 있을 가능성이 크다. 결국, 정체된 사람은 다른 영역에서도 동일하게 뒤처지게 된다. 경쟁력 있는 사람이 되기 위해 배우자와의 사랑을 성취해 내라는 것이 아니다. 다만, 성숙도를 향해 많은 이들이 걸어가는 타당한 단계를 기꺼이 감내하기를 적극 제안하고 싶다.

Chapter 5.
불태워 헌신

1.
배우자가 직장동료와 비슷한 점

행동으로 하는 사랑

지금까지의 공사 작업을 통해, 집의 외곽이 갖추어 졌다. 겉모양새가 잡혔지만, 아직 끝난 게 아니다. 그야말로 사람 살 만한 곳으로 만들어야 한다. 집안 곳곳을 풍성하게 채우고 돌보는 작업을 시작한다. 부부 각자가 역할을 충실하게 맡아, 가정을 풍요롭게 유지해야 한다. 단순한 집의 형태가 '가정'으로 완성되어야 한다. 여기에는 수시로 채워야 하는 봉사의 분량이 존재한다.

결혼 전에 미처 몰랐던 점은, 결혼 생활이 곧 '일'을 나누어 함께하는 직장 동료와도 비슷하다는 것이다. 한 사람이 일을 적게 할수록 다른 사람은 그 나머지 일을 정확하게 감당해야 한다. 구체적으로 집안이 돌아가기 위해서 일정 분량의 노동이 필요한 점을 잊어서는 안 된다.

대체적으로 부부는 다른 기질을 만난다. 한 쪽이 현실적이고 구체적이라면, 다른 한 쪽은 관념적이고 이상주의자일 가능성이 크다. 현실적인 사람의 입장에서는, 구체적인 '일'을 도와주는 게 가장 중요한 사랑의 언어일 수 있다. 아무리 달콤한 애정을 속삭인다 할지라도 와 닿지 않는다. 과도한 노동 앞에서는 사랑도 장사가 없다.

[그림5-1] 봉사와 헌신으로 집안이 풍요롭게 만들어진 모습

게다가 집안일은 합리적으로 배분하기가 쉽지 않다. 특히 자녀가 둘 이상 되는 맞벌이 가정이라면, 업무 분담은 이미 의미조차 없다. 자녀가 어릴 때에는, 서로 누가 먼저랄 것도 없이 온몸을 불태워야만 가능하다. 그래야만 집안 운영에 차질이 생기지 않는다. 한 사람이라도

발을 빼고 있다면, 다른 한쪽은 이미 지칠 대로 지친 상태임이 분명하다. 거기에 대고 아무리 '사랑한다'고 외쳐 봤자 썩은 미소만이 되돌아올 것이다. 행동 없는 사랑은 거짓으로 들리기 십상이다.

가정을 꾸리는 일은 한순간에 완성되는 이벤트가 아니다. 아무도 하고 싶지 않은 화장실 청소도 기저귀 갈기도 해야 한다. 설거지와 자잘한 은행 업무, 음식물 쓰레기 버리기의 연속이다. 아이를 출산한 후에는 준비물 챙기기, 알림장 확인하기, 담당 선생님과의 연락 등 사소하고 자잘한 일들의 배로 늘어난다.

구체적인 '업무'를 무시하고, '신앙'만 읊조리는 것은 게으름이자 자기 합리화다. 또는 지나친 자기 사랑이다. 알다시피 예수님도 '목수'로 일하셨다. 우리는 이 땅에 발 붙이고 살아야 하는 몫이 있다. 현실의 구체성을 외면하는 신앙은 아무런 영향력이 없다. 일하기 싫어하는 자는 먹지도 말라고 하시기도 했다. '죄'는 마땅히 해야 할 책임을 등한시하는 무책임도 포함하는 개념이다.

교회 봉사와 닮은 점

가정에서 해야 하는 수많은 '할 일 목록'은 교회 봉사와 닮아 있다. 건강한 크리스천이라면, 교회에서 봉사하는 경험을 통해 기쁨의 희열을 느낀 경험이 있을 것이다. 그 쾌감을 아는 사람은, 누가 시키지 않아도 평생을 교회 일에 봉사한다. '돈'이 목적이 된 노동이 아님에도 불구하고, 그렇게까지 헌신하는 이유를 아마 비크리스천이라면 결코 이해하기 힘들 것이다.

   하나님의 성전을 위해 예배하는 자세로 드린 섬김은 세상이 줄 수 없는 카타르시스를 느끼게 한다. 하나님께 드리는 육적인 봉사를 통해서 우리의 정체성도 더 견고해지고 진정으로 '살아있음'을 느끼게 된다. 육신의 봉사에는 최상급의 즐거움이 반드시 따라오게끔 우리를 창조하신 듯하다.

   이와 마찬가지로, 가정에서 해야할 일도 교회봉사의 결을 그대로 가져오면 된다. 배우자가 하지 않은 일을 내가 대신 처리해줘야 하는 뒷처리로만 여기지 말자. 하나님께 아주 구체적으로 드리는 예배임을 기억하자. 이미 받은 은혜가 많기에 몸으로도 봉사하며 교회를 가꾸어 가는 것과 비슷하다. 가정에서도 손과 발을 부지런히 움직여서 생기를 불어 넣는 생명의 작업을 하는 중이다.

   빈 집이 우리의 손길로 변화되는 모습을 보면서, 천지창조 때의 비어있던 공간에 풀과 새들을 채워 넣으시던 하나님의 심정을 우리도 느낄 수 있을지 모른다.

2.
정서적 헌신과 육체적 헌신

정서적 헌신

먼저 정서적 헌신을 살펴보자. 정서적 헌신이란 배우자가 원할 때 최우선 순위로 교감해주고 대화하겠다는 결단을 의미한다. 주로 아내 쪽이 정서적 헌신도에 더 민감할 수 있다.

청년의 시기에 유지하던 다른 관계들도 가족들보다 우선순위가 되어서는 가정이 유지되기 힘들다. 때로는 자아에 대한 지나친 야망이나 진로 계획도 우상이 될 수 있다. 물건에 대한 집착이나 취미 활동도 절제해야 한다. 스마트폰 배우자와 더 자주 교제하고 있는지 점검해 보라. 배우자와의 관계보다 게임에 빠져 있는 것은 아닌가. 물건, 성취, 일이 끼어들어 배우자에게 온전히 헌신하지 못하고 있다면, 그것은 문제가 될 수 있다.

  과도한 교회 활동의 추구도 의로워 보이지만, 친밀한 관계를 회피하기 위한 도구로 사용될 수 있음을 유의하자. 육아를 시작해도, 자녀가 부부 관계보다 우선시되는 것은 하나님의 뜻이 아니다. 자녀 교육에 열정적이면서도 배우자에게는 큰 관심이 없다면, 그 또한 적신호다. 잠시 외부의 도움을 빌려, 가끔씩은 부부만의 우선순위를 되찾는 것이 중요하다.

  또한, 배우자 외의 이성 친구와 지나치게 가까워지는 것도 위험하다. 특정 이성 친구와의 대화를 배우자에게 말할 수 없을 정도로 가까워진다면, 그것은 위험 신호다. 배우자에게 비밀이 생기는 것은 잘못된 길로 빠질 가능성이 크다.

  우리가 첫째로는 하나님께 헌신하지 않고, 둘째로 배우자에게 헌신하지 않으면, 다른 것에 중독되기 쉽다. 소중한 관계에 다른 이물질들이 끼어들 수 있다는 점을 기억하자.

육체적 헌신

  다음은 육체적 헌신에 관해 살펴보자. 육체적 헌신은 남편이 더 민감하게 고려하는 사항일 수 있다. 여기에는 성경에서 정확한 답을 내어 놓고 있다. 나는 백 권의 심리학 서적을 읽더라도, 성경에 나와 있는 명령 하나를 묻지도 따지지도 않고 실천하는 것이 훨씬 더 유익하다고 믿는다. 말씀에는 서로 분방하지 말라(고전7:5)고 명령하신다. 이어진 말씀을 순서대로 정리해 보면 이렇다.

1.   서로 분방하지 말라.
2.   다만 기도할 틈을 얻기 위하여
3.   합의상 얼마 동안만 하되
4.   다시 합하라.
5.   이는 너희가 절제하지 못함을 인하여
6.   사단으로 너희를 시험하지 못하게 하려 함이라.

이 말씀을 가감없이 그대로 실천하기만 하면 된다. 조금 더 자세히 살펴 보자.

1. 우선 분방하지 말라고 했다. 이는 성적 권리에 대한 언급으로 보인다. 결혼 후에는 어느 누구도 자기 몸을 자기 것이라고 주장할 수 없다. 이는 자신에 대한 소유권이 자기에만 있지 않음을 의미한다.
2. 조건부로 분방을 허용한다. 오로지 영적인 이유에서만 가능하다.
3. 둘 다 승낙할 때만 가능하다. 일방적으로 거부해서는 안 된다. 영적인 이유라 하더라도 잠시 동안만 하라.
4. 다시 방을 합쳐야 한다.
5.   하나님은 우리가 '절제'할 수 없을 것이라고 경고하신다. 하

나님은 우리의 본능을 창조하신 분이다. 하나님 말씀에 주의를 기울이는 것이 지혜롭다.

6. 사단은 부부의 연합을 방해하는 일등공신이다. 분방하는 것은 사단이 아주 좋아하는 상황임을 반드시 기억해야 한다.

단순하다. 상대방이 원할 때 해 주라는 뜻이다. 감정이 내키지 않더라도, 피곤한 상태라도 내어 주라는 뜻이다. 실천하면 감정은 뒤따라 오게 되어 있는 경우가 많다. 성경은 이처럼 구체적인 지침을 제공한다.

부부 둘 만 아는 사적인 세계가 있다. 이 영역은 철두철미하게 보호되어야 한다. 다른 사람에게는 절대로 허용될 수 없는 특별한 친밀감의 영역이 있다. 아무리 남편과 아내가 치열하게 갈등하는 순간이 있더라도, 둘만의 신뢰는 아무도 모르는 영역이며, 제3자는 절대로 접근해서는 안 되는 성역이다.

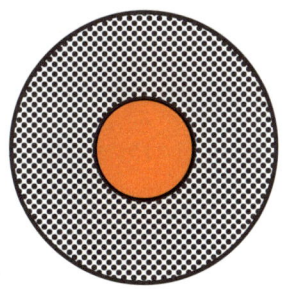

[그림5-2] 부부의 깊은 친밀감

위의 그림에서 부부 관계에서 가장 작은 원은 영혼의 핵심이 닿는 지점이다. 이는 부부가 가장 깊이 교제하는 친밀감의 영역을 의미한다.

성경에서는 지나치리만치 '거룩'을 강조한다. 하나님이 거룩하시니 우리도 거룩해야 한다(레11:45[1]). 거룩은 하나님과 우리 사이의 친밀감을 유지할 수 있는 '구별된' 영역이기 때문에 매우 중요하다. 하나님과 친밀하기 위해서는 다른 것들과 배타적인 관계가 되어야 한다는 뜻이다.

이토록 당연한 이야기를 굳이 언급해야 하나 싶다. 그렇지만 안타깝게도, 기독교인 기혼 부부 중에서도 성적 타락으로 인해 가정이 무너지는 경우가 등장한다. 이 이야기를 이번 책에 꼭 넣어야 할 필요성을 느꼈다.

'성적 순결'을 지키지 않으면 아무리 견고했던 가정도 한순간에 무너진다. 오죽했으면 하나님께서 이혼을 허락하신 가장 확실한 경우가 간음이겠는가(마 5:32[2]). '간음하지 말라'는 명령은 그래서 매우 중요하다. 배우자 외의 다른 사람에게 마음으로라도 음욕을 품지 말라고 하셨다(마 5:28[3]). 새장가를 드는 자도 간음했다고 하셨다(눅16:18[4]).

---

1 나는 너희의 하나님이 되려고 너희를 애굽 땅에서 인도하여 낸 여호와라 내가 거룩하니 너희도 거룩할 지어다(레11:45)
2 나는 너희에게 이르노니 누구든지 음행한 이유 없이 아내를 버리면 이는 그로 간음하게 함이요 또 누구든지 버림받은 여자에게 장가드는 자도 간음함이니라(마5:32)
3 나는 너희에게 이르노니 음욕을 품고 여자를 보는 자마다 마음에 이미 간음하였느니라(마5:28)
4 무릇 자기 아내를 버리고 다른 데 장가 드는 자도 간음함이요 무릇 버림당한 여자에게 장가드는 자도 간음함이니라(눅16:18)

세상의 모든 죄가 똑같다고 주장하는 사람이 있다면, 이는 성경을 제대로 이해하지 못해서일 것이다. 하나님이 그토록 중요한 '결혼 언약'을 깨뜨려버릴 만큼 싫어하시는 죄가 바로 '간음'이다. 성적인 죄는 그것을 듣고 보고 행하는 모든 사람을 일순간 오염시킨다. 이 죄는 매우 엄중하게 다루어져야 한다.

당신의 입장에서 생각해 보라. 그 어떤 죄보다도 배우자의 '음행'만큼 괴로운 것은 없을 것이다. 만약 배우자가 다른 이성에게 성적으로 끌리고, 당신 몰래 오랫동안 다른 이성을 흠모해왔다고 하자. 이 사실이 밝혀진다면 당신의 마음이 어떨까? 만약 더 나아가 애인을 숨겨두고 몇 년 동안 당신과 함께 동거했다가 들켰다면? 당신을 기만한 유책 배우자를 찢어 죽이고 싶을 것이다. 무엇보다 '거짓'으로 당신을 농락했다는 배신감에 이루 말할 수 없이 괴로울 것이다. 앞으로 뉘우치고 당신만을 사랑하겠다고 고백하더라도, 계속된 의심에서 자유롭기 어렵다.

음란의 본질은 거짓이다

하나님도 역겹도록 싫어하시는 죄가 바로 '성적인 죄'다. 성적인 죄만큼 지저분한 '거짓'과 섞여 있는 죄는 없다. 다른 죄는 피해자와 가해자가 명확하지만, 성적인 죄는 처음에는 매우 은밀하게 자행된다. 성적인 죄가 외부로 드러날 정도라면, 그것은 결코 우연이 아니다. 대부분 성적인 죄는 아닌 척 가장하기에 그 가증스러움이 이루 말할 수 없다. 그 '거짓'을 하나님께서는 두 눈 뜨고 보고만 계실 수 없다. 그래서 성적인 범죄는 그의 "눈동자"를 범하는 것(슥2:8)과 같다고 생각된다.

마찬가지다. 이중적인 크리스천만큼 백해무익한 크리스천이 없다. 주일에는 찬양을 드리는 척하면서, 일상에서는 자신의 쾌락만을 위해 산다. 다시 교회에서 온갖 봉사를 감당하는 직분자로 거룩한 척하지만, 그 마음은 '자기'를 숭배한다. 어떤 이가 죄를 지적하면, 자신이 아는 성경 지식을 자기식대로 해석하여 피해 간다. 강단에서 선포되는 모든 메시지는 자기 영혼에게만은 적용하지 않은 채 양심이 굳어져 있다. '크리스천'이라는 보장된 천국 열차는 타고 싶으면서도, 거짓으로 포장된 달콤한 유혹은 포기하지 못한다. 이는 하나님 앞에 양다리를 걸친 간음 그 자체다.

예수님께서 이 땅에 오셔서 가장 많이 부딪힌 사람들은 다름 아닌 당시의 '종교 지도자들'이었다. 그들의 위선과 간음을 예수님은 정면으로 비판하셨다. "겉으로는 잔과 대접을 깨끗한 척 하나, 속은 탐욕과 악독이 가득하다"(눅 11:39)고 외치셨다. 하나님은 이토록 겉과 속이 다른 음란한 자를 가장 싫어하신다.

음란의 죄는 한 순간의 성적인 죄만을 의미하지 않는다. 예수님께서 끝까지 분노하시는 사람은 음란한 상태에 굳어져, 자신의 음란조차 인식하지 못하는 자들이다. 배우자가 아닌 다른 이성을 품고, 그 이성 또한 자신에게 호감을 가질 것이라고 왜곡하는 자들이다. 혼자 몰래 보고 있는 더러운 음란물 영상을, 다른 이들도 자기처럼 즐기고 있다고 믿고 사람들이다. 회개하지 않고 끝까지 두 마음을 품는 자들이다.

예수님께서 비판하시는 자는 자신의 죄를 철저히 숨기고, 위선을 일상으로 삼는 이러한 종교인들이다. 겉으로는 찬양하지만, 속은 하나님과 아주 멀어져 있다.

오해하지 말자. 하나님께서는 우리가 완벽하게 거룩해지라는 무리한 요구를 하시는 것이 아니다. 흠결이 없는 완벽주의자가 되기를 바라시는 것이 아니다. 다만, 완벽한 척하며 가리고 위장하는 태도는 절대 용납하지 않으신다. 성적인 유혹과 죄과 있다면, 철저히 회개하는 그 자세를 바라신다. 청결한 마음으로 낮아지는 마음의 중심을 칭찬하신다.

바이러스 '사람의 영혼 = 10원짜리'

세상은 온갖 방법으로 성을 상품화하고, 놀이 문화로 타락시키고 있다. 인간의 영혼이 가벼운 놀이감, 노략거리, 상품이 되고 있다. 세상에서 가장 아름다운 가치가, 가장 추악하게 묘사 되고 있다. 배우자만이 허락될 수 있는 인간의 가장 귀한 영역이, 가벼운 쾌락으로 치환되고 있다. 이는 기혼 부부의 친밀감에 치명적인 악영향을 끼친다. 결혼의 영속성을 유지하려는 이유조차 희미해지게 한다.

　상담을 통해, 성적으로 지나치게 오염되면서 영혼들이 얼마나 고통 받고 있는지를 보게 하셨다. 마치 '전염병 바이러스'가 온 세상에 퍼져 나가고 있다. 이 '바이러스'에 이름을 붙이자면, '사람의 영혼 = 10원짜리'다. 하나님이 만드신 가장 귀한 영혼을, 10원짜리만도 못한 값싼 도구처럼 취급하는 메시지가 가득 울려 퍼지고 있다.

　'영혼'의 무게감에 관해, '부부간의 연합'의 아름다움에 관해, 그리고 그 아름다움을 유지하기 위한 '사적인 보호 공간'이 이토록 가볍게 취급되고 있는 세태가 심히 안타깝다.

　성을 가볍게 여기는 자는 영혼을 가볍게 여기는 자다. 사람은 10원짜리 조롱거리가 아니다. 예수님의 심장이다. 성적인 죄에 짓는 사람은, 자기 자신을 가장 극단적으로 비하하는 셈이다.[5] 스스로를 포함한 세상의 모든 영혼을 그 무게감으로 존중하는 문화가 확산되기를 기도한다.

5　음행을 피하라 사람이 범하는 죄마다 몸 밖에 있거니와 음행하는 자는 자기 몸에 죄를 범하느니라 (고전 6:18)

3.
뜨거운 감자_ 경제적 헌신

경제적 헌신

 돈에 관한 이야기는 부부 사이에서도 다루기 굉장히 까다롭다. 그야말로 뜨거운 감자다. 돈 문제로 부부 간에 갈등이 생길 수 있는 경우의 수는 무수히 많다.

 돈으로 배우자를 조종할 수도 있고, 지출 내역에 대해 신뢰하지 않으며 만 원 단위로 따지고 들 수도 있다. 지출 우선순위에 대해 의견이 다를 수 있고, 헌금에 대한 가치관도 충돌할 수 있다. 배우자가 충동적으로 온라인 쇼핑에 거금을 소비했을 때 치밀어 오르는 분노를 어떻게 처리할 수 있을까?

 그래서 최근에는 통장을 합치지 않는 부부가 늘고 있다. 맞벌이를 하는 경우, 부부는 각자의 월급 대부분을 자신의 몫으로 남겨두고, 가족에게는 일부만 헌신한다. 각자의 통장에서 일부를 떼어 생활비 통장을 별도로 만드는 식이다. 극단적으로는 엑셀 시트까지 만들어 정확히 5:5로 나누는 시도까지 한다고 한다.

결론부터 말하고 싶다. 어떤 식으로든 부부가 한 주머니로 경제를 운영하지 않는다면, 정서적으로 갈라지는 것은 시간 문제다. 아니, 이미 부부가 갈라져 있음을 반증하는 확실한 증거이다.

성경에서는 돈을 사랑하는 것이 모든 악의 뿌리라고 했다. (딤전 6:10[6]) 왜 이렇게까지 강조했을까 싶을 정도로 강력한 표현이다. 그런데 묵상하면 할수록 이보다 더 맞는 말이 없다.

돈을 사랑한다는 것은, 돈을 배우자보다 우선순위에 둔다는 뜻이다. 이렇게 재정을 가족보다 우선시하는 순간, 재정 문제로 인해 배우자가 미워 보이는 것은 순식간이다. 정직하게 묵상해 보자. 부부가 재정을 합치지 않는 이유가 무엇인가. 조금만 생각해 봐도 답은 뚜렷하다. 개인적인 욕심과 서로를 향한 불신이 있다. 이는 악의 뿌리인 것이다. 교회를 운영하는데 교회 재정이 일원화되어 있지 않다고 상상해 보자. 그 교회가 과연 건강할까? 갈등이 두려워 서로 일부만 공유한다고 상상해 보자. 서로를 향한 신뢰와 사랑이 가득한 공동체라고 자신 있게 말할 수 있을까?

---

[6] 돈을 사랑함이 일만 악의 뿌리가 되나니 이것을 탐내는 자들은 미혹을 받아 믿음에서 떠나 많은 근심으로써 자기를 찔렀도다 (딤전6:10)

몇 가지 질문을 하고 싶다.

- 당신의 배우자에게 갑작스런 빚이 생겼다. 이혼하지 않고, 같이 빚을 감당할 수 있겠는가?
- 당신의 배우자가 질병에 걸려서 생업에 종사할 수 없게 되었다. 치료비도 엄청나게 많이 든다. 같이 감당할 수 있겠는가?
- 당신의 배우자의 가족이 급한 돈이 필요하다. 그 돈이 없다면, 가족이 큰 위기에 처한다. 같이 감당할 수 있겠는가?
- 당신의 배우자가 간절히 원하는 거액의 선물이 있다. 당신이 보기에는 하등 쓸모 없는 물건이다. 당신의 배우자를 위해서 그 선물을 사줄 수 있겠는가?
- 당신의 배우자가 선교 헌금을 헌금하자고 제안한다. 하나님도 기뻐하실 만한 내용이라고 동의가 되었다. 같이 감당할 수 있겠는가?

재정이 배우자를 향한 사랑보다 우선한다면, 위 질문에 곧바로 'Yes'를 외치기 쉽지 않았을 것이다. 배우자보다 돈을 더 사랑하는 상태임이 바로 드러난다. 그런데 위 질문이 만약, 당신의 사정이었다면 어떨까? 돈과 당신을 저울질하는 배우자를 진심으로 신뢰할 수 있겠는가.

이처럼 물질이 가정을 지배하는 순간, 기괴한 형태의 질서가 잡힌다. 지금까지 했던 가정사역에 대한 모든 논의는 한순간에 뒤집히고,

하나님의 권위는 땅에 떨어진다. 모든 결정이 재정적인 계산에 따라 이루어지며, 믿음의 결정은 가장 후순위로 밀리게 된다.

아래 도표는 돈이 '머리 꼭대기'에서 주인 노릇 하는 가정의 모습이다. 하나님은 가장 아래에 위치하고 계신다. 돈을 위해, 배우자도 하나님도 언제든지 배신할 수 있는 위험천만한 상태다. 가정 사역을 위해 경제적으로 헌신하지 않고, '자기 소유'로 여긴다. 일부는 빼돌리고 숨기면서, 개인 필요에 따라 사용한다. 배우자로 인해 물질적인 손해를 보는 경우에는 격분을 감추지 못한다. 부부의 삶은 돈에 종노릇 하는 삶이다. 돈에 의존하며, 돈에 의해 좌지우지되는 인생을 살아간다. 하나님에 관해서는 잠잠히 묵상할 작은 틈 조차도 아깝다. 주일 예배도 형식적으로만 드리고, 십일조는 낼 생각조차 해 본적이 없다.

- 머리   : 돈 (만물)
- 몸   : 부부
- 발   : 하나님

아래 질서는, 하나님이 원하시는 물질에 대한 태도다. 부부는 하나님을 가장 경외한다. 이들에게 물질이란, 하나님의 뜻대로 가정을 세워가기 위한 '도구'일 뿐이기 때문이다.

- 머리   : 하나님
- 몸   : 부부
- 발   : 돈 (만물)

이 부부의 선택에서 돈은 가장 후순위다. 신앙 생활과 배우자를 향한 신의를 지키는 선택이 중요하다. 재정을 함께 합치고 분배하는 일은 결코 쉬운 일이 아니지만, 이렇게 하나님을 경외하는 부부에게는 가능하다. 돈은 부부와 하나님을 돕기 위해 존재하는 하위 체계일 뿐이기 때문이다. 그렇다고 해서, 가난하게 산다고 생각하면 오산이다. 하나님이 이 가정에 재물 얻을 능력을 주실 수 있다. 생각지 못한 곳에서 재정이 공급됨을 경험한다. 부부는 더욱 하나님께 감사하며, 맡겨주신 재물을 통해 '가정 사역'과 '교회 사역'을 신실하게 감당하는 성취감으로 충만하다.

마지막으로, 돈에 관해 너무 무관심한 태도도 일종의 무책임일 수 있다. 하나님만 계시다면, 돈이 전혀 없어도 상관 없다는 식으로 합리화한다면 곤란하다. 그런 태도라면 산에 올라가 산신령이 되어야 한다. 누군가는 경제적인 책임을 감당해 주어야 된다. 바깥 일을 감당해야 하는 몫도 분명히 존재한다. 부부가 만물을 '다스리라고' 하셨지, '만물'을 배제하라고 하시지 않았음을 기억해야 한다.

돈은 우리의 목적은 아니다. 그렇지만, 만물을 다스리기 위해 우리에게 할당해 주신 너무 좋은 '몫'임에는 분명하다. 그리고 이 '몫'을 충실하게 감당하는 사람에게 하나님이 더 많은 몫을 맡기실 것이 분명하다.

심리학하는 교회언니 헵시바의 **결혼상담**

4.
시대가 변한 헌신_ 가사분담

일상 생활에의 헌신

경제적인 부분과 집안일, 육아 분담에서 누가 1차적으로 헌신할 것인지에 대한 역할 구분이 모호해지고 있는 점이 최근 부부들의 가장 큰 갈등 요인이다.

우리 세대는 윗세대와 달리, 여성들의 사회 진출이 눈에 띄게 많아진 시대를 살아가고 있다. 젊은 자매들은 어렸을 때부터 단지 '집안일'을 하기 위해 교육받지 않았다. 단 한 번도 집안일을 하지 않고 결혼한 경우도 부지기수다. 그런데 결혼 후 갑자기 여성에게 '집안일'이라는 무게가 주어진다면 어떤 기분일까? 특히 함께 맞벌이를 하는 경우라면, 이 상황이 부당하게 느껴질 수밖에 없다. 함께 경제적 책임을 감당하고 있다면, 여성에게만 '집안일'을 맡기고 남성에게만 '경제적 책임'을 논하기는 어렵다. 그럼에도 불구하고 고정된 역할 기대를 고수하고 있다면, 갈등이 생기는 것은 불가피하다. 다음은 집안일에 관해 자주 나오는 질문이다.

1) 집안일, 반반씩 하면 안되나요?

집안일의 비율을 어떻게 나눌 수 있을까? 서로 얼마나 노동을 하고 있는지를 계산하는 순간 끝없는 소용돌이 속으로 빠져드는 경험을 한다. 생활비도 반반 집안일도 반반으로 나누다가 마트에서 짐도 반반씩 나눈다. 청소 구역을 나누다가 집 평수를 정확하게 자로 잰 듯이 나누어야 할 판이다. 배우자에게 계산기를 들이미는 순간, 사랑과 희생의 가치는 퇴색되어 버린다. 집안일의 분량을 정확히 반으로 자른다는 것이 가능하지도 않을 뿐더러, 기독교적 '섬김'과는 전혀 어울리지 않는 방향이다.

2) 집안일은 여자몫이지 않나요?

가사일을 남자가 해서는 안된다는 관점은 기독교가 아닌 유교적 사고이다. 유교는 남자보다 여자를 열등하게 취급하고, 무조건적으로 남자에게 헌신할 것을 강요한다. 여자의 입장을 보호하거나 이해하는 '사랑'의 관점은 무참히 빠져 있다. 인간관계에 문제가 생기는 많은 경우는 이러한 '경직된 신념' 때문이다. 가정을 꾸리는 것은 예측할 수 없는 수많은 변수 속에서 길을 만들어가는 과정이다. 가장 중요한 능력 중 하나는 '융통성'이다. 성경적인 부부 관계는 기본적으로 평등하게 적용된다. 오히려 남편은 아내를 위해 자신을 희생하고, 아내는 남편을 위해 힘을 실어주고 격려해주는 방향성을 강조한다. 이 태도 위에 집안일에 대한 관점을 덧입혀 보면 답이 나온다. 남편은 예수님의 명령대로 아내의 노동을 덜어주며 '희생'하고 있는가. 아내는 예수님의 명령대로 남편에게 힘을 실어 주기 위한 도구의 일환으로 집안 곳곳을 섬기고 있는가.

3) 맞벌이를 하고 있다면, 집안일은 어떻게 분배해야 할까요?

맞벌이라면 둘 중의 돈을 적게 버는 사람이 집안일을 해야 한다는 논리만큼 우스운 게 없다. 이는 돈이 주인된 가정의 모습이다. 수입을 기준으로 집안일을 분배한다면, 부부가 둘 다 육아와 집안일은 팽개치고, 일에만 중독되는 삶을 살 수 있다. 집안일도 경제적 책임만큼 무거운 '노동'의 일종임을 반드시 고려하자. 맞벌이를 한다면 서로 일의 강도를 고려해서 집안일에 어느 정도의 '빈틈'을 예상해야 마땅하다. 맞벌이를 하면서 두 마리 토끼를 다 잡을 수는 없다. 물리적인 시간이 턱없이 부족하기에, 누가 먼저랄 것도 없이 집안일에 헌신해도 모자르다. 여건이 된다면, 현실적으로 외부에서 도우미를 고용하는 방법도 적극 추천한다.

4) 구체적으로 집안일을 어떤 방식으로 분담해야 탈이 없는 건지 궁금해요.

앞서 언급했듯이, 정확한 비율로 계산할 수는 없다. 다만 서로가 느끼기에 '공정하다'고 여길 수 있는 것이 아주 중요하다. 사회학자 스콧 콜트레인은 미국 부부들이 집안일 분담에 관한 연구를 통해, 만족스러운 노동의 균형을 맞추는 부부가 더 행복한 결혼 생활을 하고, 우울증도 덜 경험한다고 결론지었다. 즉, 내적으로 만족하고 동의할만한 기준을 부부가 서로 합의하는 것이 유일한 해결책이다. 서로 잘하고 좋아하는 달란트를 찾아, 그 영역을 책임지는 방향이 가장 건강하다고 생각한다.

5) 집안일의 기준을 합의했는데도, 자꾸 만족스럽게 집안일을 하지 않는 배우자에게 불평이 생깁니다. 어떻게 해야 하나요?

서로 책임의 영역을 나누었다면, 맡겨진 부분에 있어서 더 이상 요구하지 않는 태도가 현명하다. 만약 외벌이라면 열심히 벌어오는 돈의 액수에 대해서 불만을 표시하면 어떤 마음이 들까? 집안일의 기준도 세우기 나름이다. 게다가 육아가 더해지면 '완벽하게' 집안일을 하기에는 노동량이 만만치 않다. 배우자에게 늘 정리 정돈되어 있는 청소 상태와 식사 서비스를 바라는가. 내가 배우자한테 얼마큼 희생하고 섬기고 있는지부터 정직하게 성찰해 보자.

가사분담 논의는 서로 누구랄 것도 없이 자신의 몫에 최선을 다해 헌신하고 서로의 헌신에 감사할 때에만 가능하다. 각자 자신의 자리에서 최선을 다하고 있다는 것을 인지하는 부부는 어떤 경우에 자신이 더 희생하고 있다고 하더라도, 큰 불만을 갖지 않을 것이다. 그러나 일방적으로 헌신을 요구 당하고, 자신의 기준에 미치지 못했을 때마다 불평을 터뜨리는 배우자는 이기적으로 느껴질 수밖에 없다.

레위기 1장에 보면 '번제'라는 제사에 관해 나온다. 이는 모든 부분을 태워 버리는 제사로, 온전한 헌신을 상징한다. 우리가 온 마음을 다하지 않고, 제물의 일부분을 떼어 놓는다면 하나님이 그 제사를 향기롭게 받으실 수 없다. 운동 경기에 최선을 다하지 않는 선수를 상상하자. 변명은 핑계일 뿐이다. 배우자에게 당신의 헌신이 더 필요한 부분을 묻고, 그 남은 부분도 불태워 헌신하겠다고 약속하자.

그 전부를 제단 위에서 불살라 번제로 드릴지니 이는 화제라 여호와께 향기로운 냄시니라 (레1:9)

5. 추가 심화 내용
이혼하지 않으려면

이 장에서는 부부가 이혼하지 않고, 건강하게 살기 위한 몇 가지를 담았다.

1. '공백'을 인정하자.

결혼 생활은 삶 그 자체이기에, 삶을 대하는 자세는 배우자에게도 그대로 영향을 끼친다. 만약, 내 삶의 모든 것이 완벽하게 구색이 맞추어 지기를 원한다면, 결혼 생활은 무조건 크게 좌절될 수밖에 없다.

이 책에서는 지금까지 믿음의 가정을 '공사'하는 과정에 대해서 논했다. 이 공사 작업은 어쩌면 평생 '미완성'일지 모른다. 당신도 여전히 완벽한 배우자가 될 수 없다. 배우자도 여전히 해결되지 못한 죄 가운데 한참을 머무른다. 아무리 열심히 책을 읽고, 기도를 하더라도 여전히 모자라는 지점을 마주 대한다. 그럴 때마다 우리가 저 높은 이상을 바라봐야 하는 것은 맞지만, 그 기준의 잣대로 나와 배우자의 숨통을 조르지는 말기를 바란다.

'그럴 수도 있다.'
'내가 모르는 무언가가 있다.'
'조금 여유를 가지고 지켜보자.'
'내 생각으로 끝까지 판단하거나 결론 내리지 말자.'
'모르는 것은 모르는 대로 내버려 두자.'

우리의 결혼 생활에 '공백'을 두었으면 한다. 공백은 생각의 여유 공간이다. 공백은 성령님이 운행하시는 바람 통로이다. 결혼 생활에서 받는 스트레스는 어쩌면 분량이 정해져 있는 건지도 모른다. 이를 겸허하게 받아 들이고, 하나님께 내어 맡기는 방법을 배우자.

우리는 평생 우리 가정이 어떻게 지어져 가고 있는지 전부를 파악하거나 판단할 수 없을 것이다. 나에 대해서, 배우자에 대해서, 우리 자녀들에 대해서 감히 '모든 것'을 알았다고, 알아야 겠다고 우기지 말아야 한다. 우리가 완벽할 수 없음을 인정할 때, 비로소 그 자리에서 우리 가정을 다시 세우시는 하나님의 일하심을 발견하게 될 것이다.

2. 당신을 가정사역자로 부르셨다.

우리 모두는 가정사역자다. 가정을 건강하게 세우기 위한 임무를 부여 받았다. 가정사역은 특별한 점이 있다. 이는 아무도 우리를 대체할 수 없다는 점이다. 나는 유일한 남편이자 아내다. 나는 유일한 아빠이자 엄마다. 다른 외부 사역은 나 말고, 다른 사람들도 할 수 있는 여지가 있다. 그렇지만 가정사역은 내가 아니면 그대로 빈틈이 생긴다. 다른 누구도 메꿀 수 없다. 내 역할을 충실하게 하지 않는다면, 가정은 치명상을 입는다.

'사역'이나 '믿음의 가정'이라는 투박한 용어가 진심어린 사랑의 연합을 방해할까봐 걱정된다. 신앙은 곧 인격을 세우는 일이라고 생각한다. 정서적인 교감 없이 신앙적인 언어만 늘어 놓는 행위는 위선이다. 진짜 신앙은 다음과 같은 것이다.

배우자가 눈물을 흘릴 때 끌어 안아 주는 일,
배우자에게 미소를 보내주는 일,
배우자를 위해 중보해 주는 일,
배우자를 위해 집안 곳곳을 청소하고 정리 정돈하는 일,
배우자를 용서해 주는 일,
배우자의 사정을 파악하고 미리 헤아려 주는 일,
배우자의 손을 잡아 주는 일,

배우자에게 선물을 주는 일,

배우자와 호탕하게 웃는 일,

배우자와 같은 침대를 쓰는 일,

배우자를 위해 요리하는 일,

배우자를 위해 열심히 돈을 버는 일,

배우자에게 예쁜 말로 힘을 주는 일,

배우자와 속마음을 나누는 일,

배우자에게 필요한 물건을 사다 주는 일,

배우자와 함께 밥을 먹고 담소를 나누는 일,

배우자와 함께 노는 일

배우자와 미래를 계획하는 일

배우자를 향한 사랑의 헌신은 곧 하나님을 대신하는 일이다. 배우자는 당신의 모습을 통해 하나님의 '살아계심'을 온 몸으로 느낄 수 있게 된다. 이는, 당신만 할 수 있는 유일무이한 사역이다.

3. 가정을 망치는 지름길은 '거짓'이다.

가족은 절대 '거짓'이 통하지 않는다. 가족은 당신의 영혼을 낱낱이 관찰한다. 하나도 쉬지 않고 보고 있다. 그래서 어느 것이든 숨기는 순간, 연합에 대한 갈망은 한 순간에 빛을 잃는다.

당신 자신에게, 배우자에게 정직하라. 위장하거나 덮어 두지 말고 직면하는 편이 낫다. '진짜'를 꺼내지 않으면, 서로에게 멀어지는 것은 삽시간이다. 다음과 같은 것들이다.

당신이 배우자에게 서운한데도 불구하고 아닌 척 하지 말아라. 차라리 서운하다고 표현하라.

당신이 영적으로 무너져 있는데도 불구하고, 기도하는 척 하지 말아라. 차라리 중보해 달라고 요청하라.

당신이 배우자의 행동이 마음에 들지 않는데도 불구하고 덮어두지 말아라. 왜 마음에 들지 않는지, 배우자가 어떻게 해주었으면 좋겠는지 말하라. 배우자와 문제를 끊임없이 조율하라. 당신이 말하지 않으면, 배우자는 당신이 무엇을 좋아하고 싫어하는지 평생 알 수 없다.

당신이 배우자를 한없이 이해해주는 척 하지 말아라. 우리는 이미 성별의 차이, 배경의 차이, 기질의 차이가 있다. 이해하지 못하는 부분은 도움을 청하라. 서로 수용하기 위해 노력하고 있다는 점을 알려라.

정직해야 관계의 기본 신뢰가 망가지지 않는다. 정직은 인격의 가장 기본이다. 정직해야 수정할 부분이 개선된다. 기독교는 죄를 짓지 말 것을 요구하는 종교가 아니라, 죄를 정직하게 '인정'할 것을 요구한다. 가정사역도 마찬가지다. 정직해야 우리가 제대로 회개할 수 있고, 회개할 수 있으면 가정사역은 무조건 열매 맺는다.

심리학하는 교회언니 헵시바의 **결혼상담**

Chapter 6.
분노굴뚝

1. 결혼 현실 수용하기
부부 싸움의 이유

부부가 갈등하는 이유

부부가 가정을 세워가는 동안, 어느 부부나 피해갈 수 없는 영역이 있다. 생활의 전반적인 부분에서 부부의 의견 차이, 가치관 차이, 감정적인 갈등이 생길 수밖에 없다. 다음을 살펴보자.

1. 시간 관리 : 몇 시에 자고 몇 시에 일어날까? 각자의 생활 패턴을 얼마나 공유하고, 얼마나 독립적으로 사용할까? 공동의 약속이 있을 때 약속 시간에 몇 분 전에 도착할까? 휴일의 시간을 어떻게 배분해서 사용할까? 하루에 연락하는 횟수와 대화 시간은 어떻게 정할까?

2. 재정 관리 : 얼마나 소비하고, 얼마나 저축할까? 소비 항목은 어떤

비율로 할까? 부동산 명의는 누구 이름으로 할까? 통장은 어떻게 나눌까? 외식을 할까, 집에서 밥을 먹을까? 취미 활동이나 여가에는 얼마만큼 돈을 쓸까? 양가 부모님께 용돈은 어느 정도 드려야 할까? 저축은 수입의 어느 정도 비율로 하는 것이 적당할까? 투자는 얼마나 해야 할까? 부동산은 매입하는 것이 좋을까, 매도하는 것이 좋을까? 어느 시기에 해야 할까? 개인 지출 비용은 어느 정도가 적당할까? 개인 용돈이 일정 금액을 초과했을 때 상대방에게 알려야 할까? 서로 간섭 없이 쓸 수 있는 금액은 어느 정도일까? 집안 살림살이는 어떤 구매 방식을 택할까?

3. 인간 관계 : 일가친척을 얼마나 자주 만날까? 얼마나 자주 연락할까? 개인 친구들은 얼마나 자주 만나도록 할까? 공동의 친구는 누구를 사귈까? 공동의 친구는 얼마나 자주 만날까? 집에 자주 초대하는 것을 허용할까? 지인들이 집에 방문한다면, 손님 접대는 누가 감당할까? 지인들과 연락할 때 누가 의사소통을 할까?

4. 가사 노동 & 자녀 양육 분담 : 빨래, 청소, 설거지는 누가 얼마큼 담당할까? 얼마나 주기적으로 청소할까? 얼마나 자주 이불을 빨아야 할까? 어느 정도의 청소 상태를 유지해야 할까? 요리는 누가 할까? 요금 청구서는 누가 관리할까? 집안 살림 정리 정돈은 누가 얼마큼 할까? 아이 돌봄은 누가 얼마큼 할 것인가? 아이 씻기기와 재우기는 누가 할 것인가? 아이 밥은 누가 챙겨줄 것인가? 아이 학교 준비물은 누

가 챙겨줄 것인가? 아이 선생님과의 의사소통은 누가 할 것인가?

5. 자녀 교육 : 자녀를 몇 명 낳을 것인가? 어린이집과 원은 어디를 선택할 것인가? 양육과 훈육은 어떤 방식을 택할 것인가? 자녀에게 얼마나, 어떤 교육을 시킬지는 누가 담당할 것인가?

6. 스트레스 관리 : 여행은 어디로, 얼마나 자주 갈 것인가? 산이 좋은가, 바다가 좋은가? 야외활동을 할 것인가, 쇼핑센터에 갈 것인가?

7. 일에 관한 가치관 : 직업적인 부분에 더 투자할 것인가, 가족과의 시간에 중점을 둘 것인가? 사업을 한다면 확장할 것인가 말 것인가? 미래를 위해 더 투자할 것인가, 지금 다니는 직장을 최소한만 유지할 것인가? 어느 정도 개인의 업무와 가정을 조화시킬 것인가?

8. 신앙 생활 : 어느 교회에 다닐 것인가? 청년 때 다니던 교회에 배우자를 데려올 것인가? 부모님이 사역하시는 교회에 출석할 것인가? 헌금은 얼마나 어떤 빈도로 낼 것인가? 교회 봉사는 어떻게, 얼마나 할 것인가? 기도하고 말씀을 연구하는 시간은 어떻게 보낼 것인가? 가정 예배는 누가 주관하고 얼마나 자주 드릴 것인가? 부르짖는 기도인가, 조용히 침묵하며 기도하는가? 가정예배는 어떻게 드릴 것인가?

분노 표출형

사례 : 혜진: "자기 내가 부탁한 거 또 잊어 버렸지?"
민수: (한숨 쉬며,) '아, 또 시작이네... 지금 대꾸하면 더 커지겠지. 그냥 잠잠히 넘기자.'
"미안해, 일이 너무 바빴어. 내일 좀 침착하게 이야기하자."
혜진: "왜 한숨을 쉬고 그래? 이 정도 말도 못해?"
민수: (억누르며 침묵 유지) '…'
혜진: "당신, 머리 스타일은 왜 그래?"
민수: (냉담하게) 시비 걸지말고 내일 이야기 해.
민수가 자리를 피해 방에 들어가려고 했지만, 혜진은 그를 붙잡았다.
혜진: "어디 가?? 이야기 좀 하자고!!"
민수: ( )…
혜진: "또 삐짐 모드야? 삐지는 것도 정신병이라든데, 잘났어 아주 그냥."

혜진은 감정이 격해지면 그것을 즉시 표출하는 성격을 가지고 있다. 그녀는 화가 나면 반드시 그 자리에서 결론이 나야만 마음이 풀린다. 혜진은 자신의 감정을 바로 풀지 않으면 잠도 잘 수 없을 정도로 답답해 한다. 그녀는 남편에게 도발적이고 지나치게 과장된 언행도 서슴지 않는다. 종종 남편과의 갈등이 더 깊어지곤 하지만, 그녀는 스스로를 '뒤끝 없는 사람'이라 생각하며, 억울한 상황에서만 이렇게 화를 낸다고 믿고 있다.

민수는 아내가 감정적으로 격해질 때마다 자신의 마음을 더욱 닫아 간다. 계속 같은 상황에서 분노를 폭발하는 혜진에게 점점 한계치가 다다르고 있었지만, 겉으로 최대한 침착한 표정을 유지한다. 혜진에 대한 부정적인 감정이 계속 내면에 쌓이면서 혜진에게 냉담해지는 자신을 발견한다. 민수는 자신이 이렇게 참다가 어느 순간 폭발하면 끝을 모르고 질주할 것 같아 불안하지만, 이를 어떻게 해결해야 할지 몰라 혼란스럽다.

분노 표출형은 즉각적으로 분노를 밖으로 드러내고 표현하는 유형이다. 이 유형의 사람들은 분노를 거르지 않고, 수시로 외부로 표출한다. 감정 표현이 강렬하고 직접적이다. 상대방은 무례한 시한폭탄을 데리고 사는 듯 항상 불안하다.

1. 인내심 부족

이 유형은 작은 일에도 인내하지 못하고 쉽게 폭발한다. 분노를 억제하지 못하고 절제심이 부족하다. 잠언 14장 29절에서는 "노하기를 더디하는 자는 크게 명철하여도, 마음이 조급한 자는 어리석음을 나타내느니라"라고 말씀한다. 단순하다. 쉽게 화를 표출하는 사람은 '어리석은' 사람이라는 뜻이다.

2. 다툼을 일으키기 쉬우며, 죄악을 많이 짓는다

화를 잘 표출하면 주변 사람들과의 관계에서 갈등과 다툼이 수시로 일어난다. 불화가 생기는 과정에서 많은 죄악에 빠지기 쉽다. 잠언 29장 22절에서는 "노를 품는 자는 다툼을 일으키고, 분노하는 자는 죄악을 많이 짓느니라"라고 말씀하고 있다. 이는 화를 내는 것이 많은 죄악의 원인이 될 수 있다는 것을 의미한다. 분노를 터뜨리는 순간에는 감정이 일시적으로 해소된다고 느끼겠지만, '죄악'으로 연결되기에 좋은 통로임을 경고하고 있다.

3. 충동성

화를 잘 내는 사람은 자기 마음을 제어하지 못하고 성급하고 충동적인 성향이 강하다. 이러한 사람들은 조금 뒤에 생각해도 후회할 행동을 인지하지 못하고 순간적인 감정에 휘둘리며, 이로 인해 자주 후회하게 된다. 잠언 25장 28절에서는 "자기의 마음을 제어하지 아니하는 자는 성읍이 무너지고 성벽이 없는 것 같으니라"라고 말씀하고 있다. 충동적으로 분노하는 사람은 큰 위험에 늘 노출된 상태다. 우리는 흔히 외부 환경이 우리를 안전하게 해준다고 생각한다. 하지만 성경에서는, 자신의 마음을 통제하지 못하는 사람이 가장 위험한 일을 당할 가능성이 많다고 경고한다.

4.　인간관계가 원활하지 못하다.

공든 탑도 분노로 무너진다. 잦은 분노, 혹은 한번이라도 강한 분노는 그동안 힘겹게 쌓아 온 신뢰를 쉽게 무너뜨린다. 특히 배우자가 자주 화내는 사람이라면, 상대방은 배우자에게 말수를 줄이고 거리감을 둘 수밖에 없다. 분노의 타겟이 되고 싶은 사람이 어디 있겠는가. 시편 37편 8절에서는 "분과 노는 악을 만들어낼 뿐이다"라고 말씀하고 있다. 분노의 표출은 백해무익하다. 화가 났을 때는 잠시 시간을 가지는 것이 지혜롭다. 분노가 일어날 때마다 바로 그 자리에서 결론을 내리려는 시도는 서로에게 큰 위험이 될 수 있다.

2. 결혼 청사진 이해하기
분노를 다루는 성경적인 방법

분노 억압형

위의 특징은 분노 표출형이다. 그런데 위와 달리, 분노를 무조건 억압하는 유형도 있다. 분노 표출형에 비해서는, 자기 성찰 능력이 높고 사리 분별을 잘 하는 유형일 수 있다.

그러나 분노라는 감정 자체를 '나쁘다'고 지칭해 두었다면 곤란하다. 외면적으로는 불쾌한 감정이 생기더라도 표현하지 않고 참아 넘긴다. 마치 도를 닦는 스님처럼, 분노를 억압하면 저절로 승화될 거라 생각하지만, 이 또한 분명히 한계가 생긴다. 억눌린 감정은 내면에 켜켜이 쌓여, 심리적 신체적 증상이 발생할 수 있다. 싸움이 자주 발생하지 않지만, 분노가 축적되면 어느 순간 통제가 불가능한 상황에서 아주 크게 폭발하기도 한다.

분노 자체를 지나치게 죄악시하거나, 억압하는 것 또한 결코 하나님이 원하시는 방향이 아니다.

분노를 다루는 성경적인 방법

그렇다면, 어떻게 분노를 다루어야 할까? 다음 성경 구절을 살펴보자.

> 분을 내어도 죄를 짓지 말며 해가 지도록 분을 품지 말라(엡4:26)

나는 이 말씀을 볼 때마다 성경이 우리의 심리를 얼마나 꿰뚫고 있는지 놀라움을 금할 수 없다. 단순해 보이지만 실로 엄청난 말씀이다. 잘못된 분노 처리 유형은 정확하게 이 딱 두가지 유형으로 나누어지기 때문이다.

1. 분을 낼 때마다 죄를 짓는 유형 : 분노 표출형
2. 해가 지도록 분을 품는 유형 : 분노 억압형

말씀 구절을 더 면밀하게 살펴보면 우리가 어떻게 분노를 조절해야 하는지에 대해서도 아주 정확한 지침을 주셨다.

1. 분을 내어도 : 분노 감정을 생길 수 있음을 인정한다.

분노든 슬픔이든 우리의 감정은 하나님의 선물이다. 모든 감정이 소중하다. 이 말이 얼마나 많은 사람에게 위로가 되는지 모른다. 크리스천도 비크리스천과 똑같이 슬픔을 느끼고, 분노를 느낀다. 감정을 억누르려는 시도는 위험하다. 만약 내면에서 분노가 좋지 않은 것이라며 터부시하고 억압한다면, 다른 긍정적인 감정을 느끼는 통로 또한 막혀버릴 수 있다. 감정 그 자체는 잘못이 아니다. 건강한 감정은 노폐물을 배출하고 영양분을 흡수하는 영혼의 혈관과도 같다.

감정을 억누르려는 모든 시도는 건강하지 않을 뿐더러 성경적이지도 않다. 하나님도 매일 분노하시는 분(시7:11)[1]이라고 하셨다. 친밀한 사이일수록 더 분노할 일이 잦아지는 것이 자연스럽다. 만약 분노 감정 자체를 터부시하고 억압한다면, 긍정적인 감정을 느끼는 통로 또한 동시에 막혀버린다. 그래서 분노를 억압하는 사람에게는 기쁨의 감정도 생생하게 느낄 수 없다. 결국 자아와 분리된 감정은 다양한 증상으로 부작용을 드러낸다.

감정은 하나님의 선물이다. 감정은 잘못이 없다. 감정의 역할은 우리 내면에 쌓인 노폐물을 배출하고, 영양분을 흡수하는 영혼의 혈관과도 같다.

---

1 하나님은 의로우신 재판장이심이여 매일 분노하시는 하나님이시로다 (시7:11)

2. 죄를 짓지 말며 : 분노가 생겨도, 직접적인 보복은 금지한다. 분노 표출형에게 주시는 말씀이다.

분노가 반드시 특정 행위로 연결되어야 하는 것이 아니다. 감정과 행위를 분리할 수 있는 절제력이 우리에게 주어졌다. 분노를 반드시 통제하라고 성경은 명령한다. 만약, 이를 지키지 않고, 직접적으로 다른 사람의 피를 흘린다면, 하나님도 그 사람의 피를 흘리게 하실 것이다. 이는 하나님이 자기 형상대로 사람을 지으셨기 때문이다(창9:6)[2]. 신체적인 폭행뿐만 아니다. 폭언과 괴롭힘 등 상대방에게 직간접적으로 타격을 입히는 방법은 어떤 식으로도 하나님 앞에 죄가 된다.

간혹 상대방이 자신의 불 같은 성격을 잘 받아준다고 안심하는 경우가 있다. 신혼 초기에는 그럴 수 있다. 그러나 상대가 '분노 억압형'이기 때문에 다른 방식으로 당신의 분노에 대해 경고하고 있다는 점을 인지해 보아라. 분노한 후 부부에게 어떤 감정적인 거리가 생겼는지를 분별해 보아라. 어리석은 사람은 쌓인 분노를 모두 터뜨린다(잠29:11[3])는 말씀의 경고를 주의 깊게 받아들여라. 급한 분노는 미련한 사람이 하는 행동일 뿐이라고 했다 (전7:9[4]).

---

2 다른 사람의 피를 흘리면 그 사람의 피도 흘릴 것이니 이는 하나님이 자기 형상대로 사람을 지으셨음이니라 (창9:6)
3 어리석은 자는 자기의 노를 다 드러내어도 지혜로운 자는 그것을 억제하느니라 (잠29:11)
4 급한 마음으로 노를 발하지 말라 노는 우매한 자들의 품에 머무름이니라 (전7:9)

3. 해가 지도록 분을 품지 말라 : 분노 억압형에게 주시는 말씀이다. 하루 이상 분을 품어서는 안된다.

화가 날 일이 많다. 하나님도 아신다. 그러나 하루 이상 그 앙금을 되새기며 잠자리에 들지 말자.

현상적으로 보면 분노 표출형만 잘못인 것 같지만, 분노를 억압하는 유형도 죄를 지을 가능성이 있음을 언급하고 있다. 분노 억압형은 상대방의 물음에 반응하지 않기, 무시하기, 싸늘하게 굳어버리기, 자녀에게 하는 뒷담화 등으로 수동적인 공격을 한다. 겉으로 화를 내지 않는다고 해서 죄가 아닌 것은 아니다. 속으로 분노가 가득한데 표면적으로 싸우지 않는 것으로 자기 위안 삼는 것은 옳지 않다. 하나님은 우리의 생각과 감정을 끊임없이 지켜보고 계신다.

하루 이상 상대에 대한 분노를 마음속에 쌓아두었다면, 이는 죄가 될 가능성이 크다는 것이 성경의 지적이다.

맹렬하게 분노하는 배우자를 다루는 방법

모든 인간 관계의 문제가 쌍방 잘못이라고 생각한다면, 그 전제는 틀렸다. 가끔씩 우리는 중앙선을 넘어서 질주하는 차량을 만나게 된다. 가장 기본적인 인간 관계의 질서도 지키지 않는 사람들이 존재한다.

내로남불의 전형이다. 마치 동물처럼 맹렬히 분노한다. 고성과 욕설, 물건 집어 던지기, 밀치기도 서슴지 않는다. 배우자는 영문도 모른 채 분풀이의 '대상'이 되어 버린다. 만약 이런 사람이 당신의 배우자라면 어떻게 할 것인가. 이번 생은 결혼 운이 없었다고 낙담하고 포기해야 하는가. 놀랍게도 성경은 이에 대해 아주 명확한 답을 내리고 있다.

"노하기를 맹렬히 하는 자는 벌을 받을 것이라 네가 그를 건져 주면 다시 그런 일이 생기리라"(잠19:19)

잠언에서는 이런 자를 위해 '벌'을 준비했다고 말씀하고 있다. 왜 이렇게 강하게 말씀을 하시는 것일까? 간단하다. 합당한 '벌'을 받지 않는다면, 그 습관이 고쳐지지 않을 것이기 때문이다. 분노가 많은 사람은 '이기심'이 많은 사람이다. 따라서 자신에게 손해가 되는 상황이 닥치지 않는다면, 절대로 그 행위를 스스로 고치지 않는다. '절대로'라는 단어가 절대로 과장법으로 쓰인 게 아니다. 이는 대부분의 '가정 폭력'[5]에 관한 책에서도 동일하게 지지하고 있는 내용이다.

맹렬한 배우자의 상대방은 참고 인내해 주며 평화를 추구하는 방향이 더 쉽다고 여겨질 수 있다. 그러나 이는 어쩌면 '자기 의'에 해당될 수 있다. 위의 말씀보다도 자신의 '착함'을 더 신뢰해서는 위험하다.

---

5 폴 헥스트롬, 가정폭력치유 교과서, 글샘, 2008

'선한 행위'를 통해 포악한 배우자가 변할 수 있다고 믿지 말아야 한다. '맹렬히 분내는 사람'을 용납한다면, '똑같은 일'이 반복될 것이라고 분명히 말씀하고 있다. 위의 말씀은 '잠언'이다. '잠언'은 다른 성경과는 달리, 각 구절이 독립적이다. 문맥에 따라 다르게 해석할 여지가 없는 구절이다.

맹목적인 사랑은 무책임한 인성을 낳는 것을 기억하라. 아마 배우자는 자신의 감정을 스스로 '책임'지도록 훈련 받지 않았을 것이다. 원가족 내에 무분별한 비난과 책망은 넘쳐났을 지라도, 건강하고 명확한 훈육 체계는 부재했을 가능성이 크다. 주변의 인간관계도 피상적으로만 유지할 뿐, 풍성한 소통은 없을 것이다. 외부에 다른 사람들을 신뢰할 만큼 성장하지 못해서 더 가족에게만 집착하는 성향을 보이기도 한다.

이제부터라도 필요한 건, 확실한 '훈육'이다. 눈 감아 줄 때와, 두 눈 뜨고 죄를 주목하는 두 가지의 균형이 건강한 사랑이다. 사랑을 줄 때는 확실하게 주고, 벌을 줄 때도 확실하게 줘야 한다. 분명한 한계를 제시하자. 다시 반복한다면, 더 강한 조치로 일관하자. 그래도 계속 고쳐지지 않는다면, 별거를 결정하라. 그래도 반성이 없다면, 이혼을 위해 기도하자. 성령님께 철저히 방법을 묻자. 하나님이 배우자에게 가장 효과적인 '벌'을 주셔야 이 문제는 끝이 난다. '벌'의 참 의미는, 그 잘못에 대한 책임을 당사자에게 지우는 것을 말한다.

하나님은 진실로 당신이 배우자의 감정 쓰레기통이 되는 것을 원하시지 않는다. 오히려 배우자를 가장 효과적으로 벌하기 위해 당신을 허락하셨는지도 모른다. 혹시라도 배우자에게 의존적인 감정이 있다면, 이를 벗어나 스스로 강하게 서야만 이 작업이 가능하다. 배우자가 당신의 이러한 '의존적인 감정'도 이용해 먹을 수 있기 때문이다.

스스로 강한 내면의 힘을 느끼고 신뢰하자. 배우자는 스스로 성찰의 시간을 늘리고, 자신의 언행을 책임질 줄 아는 성인으로 자라야만 한다. 성령님이 죄를 깨닫게 해주시도록 기도하자. 이는 결국 모두를 살리는 훌륭한 '가정 사역'의 일환이다.

분노 조절의 대표 주자, 다윗

결론적으로 우리는 모두 분노를 잘 조절하고 처리해야 한다. '분노 조절형'의 대표 주자는 '다윗'이다. 다윗은 숱한 압박에도 불구하고 원수인 사울에게 직접적인 보복을 하지 않고 하나님께 맡겨 드렸다. 다윗이 이와 같이 분노를 건강하게 조절할 수 있었던 가장 비결은 시편의 "저주시"에 담겨 있다고 생각한다.

시편에 씌여있는 저주시는 다윗이 분노를 억누르거나 인간적으로 표출하려 하지 않고, 하나님께 토로하고 그 분노를 전가함으로써 해소하는 모습을 보여준다. 기도를 통해, 자신의 분노 감정이 정당하다는 것을 확신한 다윗은, 이로 인해 내적인 위로와 평안을 되찾게 된다. 하나님께서 의롭게 분노해 주실 거라는 기대감으로 인해 육적인 복수심을 내려놓고 자유해진다.

대표적인 저주시인 시편 7편을 통해 다윗의 분노 조절법을 보자.

1) 하나님께 고통을 호소하며 재판을 의뢰함

"여호와 내 하나님이여 내가 주께 피하오니 나를 쫓는 모든 자에게서 나를 구원하여 내소서. 건져낼 자 없으면 그들이 사자 같이 나를 찢고 뜯을까 하나이다."(시7:1-2)

2) 자신의 무고함을 주장하고, 밝혀 주시기를 구함

"여호와 내 하나님이여 내가 이런 일을 행하였거나 내 손에 죄악이 있거나, 화친한 자를 해하고 내 대적에게서 까닭 없이 빼앗았거든, 원수로 나를 쫓아 내 생명을 잡아 땅에 짓밟게 하시며 내 영광을 먼지 속에 살게 하소서."(시7:3-5)

이 과정은 너무 중요하다. 우리는 기본적으로 자기 중심적이기 때문에, 우리에게도 잘못이 있는지 없는지를 하나님 앞에 확증 받기를 구하는 기도를 반드시 먼저 해야 한다. 만약, 하나님 앞에 잘못한 것이 있다면 그에 합당한 징계도 달게 받겠다는 정직한 태도가 필수적이다. 그렇지 않다면, 우리 각자가 자기 의에 빠져서, 배우자의 '심판자' 노릇을 자처하는 것이 되어 버린다.

3) 분노의 정당성 확인과 내적 위로

"악인의 악을 끊고 의인을 세우소서. 의로우신 하나님이 사람의 마음과 양심을 감찰하시나이다."(시7:9)

분노가 단순한 감정적 반응이 아니라, 의로움을 위한 분노임을 확인하는 순간 하나님 앞에 자유해지고 평안이 임한다.

4) 재판을 하나님께 최종적으로 맡김으로써 자유해진다

"그의 재앙이 자기 머리로 돌아가고 그의 폭행이 자기 정수리에 내리리라."(시7:16)

하나님이 사람의 행한 일들을 저울에 달아 보시고, 정확하게 판단해 주실 것이라는 믿음으로 복수를 내려놓게 된다. 하나님이 정의롭게 문제를 해결해 주실 것이라는 신뢰가 견고해진다.

이보다 더 완벽한 분노 조절법이 있을까. 이혼하는 부부들은 서로의 잘잘못을 따지다가 세상 법정에서 판결을 받는다. 그러나 우리에게는 우리의 마음의 동기까지도 살펴 보시는 의로우신 재판장이 쉴새

없이 우리 부부를 살피고 계심을 믿고 재판을 의뢰할 수 있다. 하나님 앞에 억울하고 화가 나는 부분을 낱낱이 고해 보아라. 만약 내가 잘못한 부분이 있다면 깨닫고 복수의 기도를 멈추게 하실 것이고, 상대방이 잘못했다면, 정신 차릴 수 있도록 가장 정확한 방식으로 죄를 깨닫도록 도와주실 것이다.

   옆의 그림을 보면, 이전 그림에서 한 가지 요소가 더 추가되었다. 무엇인지 발견했는가? 바로 굴뚝이다. 두 부부가 온 마음과 힘을 다해 열심히 헌신하며 가정을 세우는 데까지 이르렀다. 하지만 굴뚝이 없으면, 집이 감당할 수 없는 한계치에 도달했을 때 폭탄처럼 터져 버리기 쉽다. 그래서 굴뚝은 주기적인 분노 배출 과정을 의미한다. 다윗처럼, 분노 굴뚝을 통해 하나님께 분노를 주기적으로 배출하는 기도를 하자.

[그림6-1] 굴뚝으로 주기적으로 건강한 분노를 배출하는 가정의 모습

3. 결혼 생활의 예상되는 어려움
분노 조절이 어렵다면

분노가 많은 사람이라면

당신이 분노하는 진짜 이유는 무엇인지 성찰해 본 적이 있는가. 의도했던 의도하지 않았던 분노 조절이 잘 되지 않는 경우가 있을 수 있다. 이는 같이 살기 어려운 배우자의 유형에 속한다. 아내의 경우든 남편의 경우든, 분노를 조절하지 못하면 다툼으로 이어지기 쉽기 때문이다. 다투는 사람과 사느니 움막에서 혼자 사는 것이 나을 정도다.(잠25:24[6])

분노 조절 문제가 부부 싸움의 주된 원인이라면, 다음을 꼭 참고해 보자.

---

6 다투는 여인과 함께 큰 집에서 사는 것보다 움막에서 혼자 사는 것이 나으니라 (잠25:24)

내가 배우자에게 화가 날 때 점검해 보자

1. 내가 원하는 배우자의 역할에 대한 기대가 합리적인가?
2. 내가 분노하는 이유가 나 자신에 대한 실망과 자괴감 때문은 아닌가?
3. 내가 분노하는 이유가 나의 이기심과 과도한 욕심 때문은 아닌가?
4. 내가 화를 내는 이유가 내 욕구가 좌절되었기 때문은 아닌가?
5. 내가 화를 내는 이유가 분노를 통해 상대방을 내가 원하는 방식대로 움직이고 싶기 때문은 아닌가?
6. 내가 화를 내는 이유가 원가족에서 감정 표현 방식을 같은 방식으로 배웠기 때문은 아닌가?
7. 내가 화를 내는 이유가 실체가 없는 내면의 불안과 걱정, 의심 때문은 아닌가?
8. 내가 분노하는 이유가 완벽주의로 인한 자기 방어는 아닌가?
9. 내가 분노하는 이유가 스스로의 열등감 때문은 아닌가?
10. 내가 분노하는 이유가 외부에서 받은 분노를 억압하다가 배우자에게 화풀이한 것은 아닌가?

건강한 자아상이 있다면, 다른 사람을 나보다 더 '훌륭하게' 여겨도 자존심이 상하지 않는다. 나 자신에게도 충분한 장점들이 이미 존재하기 때문이다. 내 스스로에 대해서 하나님 앞에 바르게 인식한다는 것은, 하나님의 창조물로서의 위대함 또한 있는 그대로 받아들이는

심리학하는 교회언니 헵시바의 **결혼상담**

것을 뜻한다. 이는 모든 면에서 완벽하다는 뜻이 아니다.

때로 실수하고 잘못을 저지를 때가 있을 지라도, 하나님의 사랑 안에서 성장해 나갈 것이라는 스스로에 대한 신뢰를 뜻한다. 이렇게 건강한 자기 수용이 있어야, 다른 이들의 결점 또한 있는 그대로 수용해 줄 수 있는 여유가 생긴다. 나 스스로에게 분노하는 사람은, 가까운 사람에게 화가 날 수밖에 없다. 그래서 건강한 자아상은 건강하게 배우자를 사랑할 수 있는 능력과 직결된다. 이는 하나님의 사랑을 받아들일 수 있는 기본 바탕이기도 하다.

결론적으로 분노를 통해 상대방에게 나의 좌절과 죄책감, 각종 불편한 감정들을 '전가'하는 것에 불과했음을 반드시 인지해야 한다. 이렇게 하는 것이 나의 내면의 빈약함을 인정하는 것보다는 훨씬 '간편'하기 때문에 분노의 도구를 습관적으로 취한 것이다.

그래서 분노의 진짜 원인- 빈약한 자아상에 대해서 지구 끝까지 외면하고 싶었을 수 있다. 이 글을 읽으면서도, '나는 아니다' 라고 방어하는 중일 수 있다. (진실은 배우자에게 물어보면 답이 나올 것이다.) 그래서 나는 원래 쉽게 '분노하는 사람', 혹은 상대방의 '잘못'을 비난하는 것으로 합리화하는 경우가 많다. 상처 난 자존감을 이렇게 분노를 통해 일시적으로 회복하는 것이 더 쉽게 느껴졌을 것이다. 그러나 이는 멈출 수 없는 급행열차에 더 가속도를 붙이는 것과 비슷하다.

급행열차에서 뛰어 내리는 위험을 감수할 용기가 필요하다. 실로,

하나님이 당신에게 치열한 완벽함을 요구하지 않으신다는 사랑의 음성을 듣기 위해서 잔잔한 호수 앞으로 가야 한다. 잠잠하게 하나님 앞에 아주 초라하게 느껴지는 내면을 마주할 기회를 잡아야 한다. 이는 정신없이 경쟁하는 경주마 위에서는 불가능하다. 아주 조용하고 극히 내밀한 혼자만의 시간이 필요하다. 그 지성소에서 당신의 가장 별 볼 일 없는 자아를 날 것으로 하나님 앞에 드려 보아라. 상상할 수 없었던 하나님의 총애과 격려의 목소리에 한없이 쭈그러 들었던 어린 아이가 한껏 고개를 들고 안심할 수 있을 때까지 말이다. 이 세상에선 찾을 수 없던 무조건적인 사랑을 경험하며, 그 누구보다 당신 자신이 스스로와 화해하고 악수해 줄 수 있기를 진심으로 기도한다.

4. 결혼 생활에서의 신앙 개념 적용
배우자 때문에 너무 힘들어요

배우자 용서하기

상대방의 죄 때문에 분노하고 있는가. '내가 얼마나 참아 줬는데, 당신이 나한테 이럴 수 있어?' 배신감에 불타오를 수 있다. 오랫동안 받아주다가 더는 참을 수 없다고 결심한 경우도 있다. 배우자를 사랑했던 만큼, 분노는 쉽게 가라앉지 않는다.

이럴 경우는 배우자가 확실히 사과하거나 변화하지 않는다면, 분노를 처리할 다른 방법이 없다. 게다가 상대방이 반성도, 뉘우침도 전혀 없이 뻔뻔하게 나온다면 어떨까. 피가 거꾸로 솟는 느낌이다. 그동안 배우자 때문에 손해를 감수했던 수많은 에피소드들이 다발로 묶여 떠오른다. 이번만은 그냥 넘어갈 수 없다고 다짐한다. 앞으로의 미래를 위해서라도, 배우자에게 정확한 사과와 보상을 받아 내야 한다고 생각한다.

그런데 사람이 정한 선악의 기준이란 게 주관적일 수밖에 없다. 선악과는 함부로 먹어서는 안 되지 않는가. 특히 부부 관계는 수많은 역동이 얽혀져 있다. 사람의 '마음의 동기'와 '과거의 배경'까지 꿰뚫어 보시는 하나님만이 사람의 죄를 정확하게 저울질 하실 자격이 되신다.

우리는 아주 가까운 사람일수록, 내가 전부 '판단'할 수 있다고 착각한다. 그래서 멀리 있는 6촌보다는, 가까이 부대끼는 배우자를 용서하기가 그토록 힘이 드는 것은 아닐까. 하지만 우리가 배우자를 제대로 파악할 수 있다고 생각하는 순간, 큰 덫에 걸려 든다. 우선은 법정의 꼭대기에 앉아 있는 '판사 놀이'에서 내려 오자.

물론, 하나님이 배우자의 '죄'에 대해서 일깨워 주시고, 분별하게 하시는 경우가 있을 수 있다. 그러나 이를 보여 주시는 이유는 상대방 배우자를 돕기 위함이지, 정죄하고 판단하기 위함이 아니다.

빚쟁이의 권리인가

우리가 늘 잊어 버리고 싶어 하는 사실을 상기해 보자. 우리는 하나님과의 관계에서 항상 마이너스 점수로 낙인찍혀야 정상인 존재다. '죄'라는 표현을 유대인들은 '빚'과 동의어로 여겼다고 한다. 예를 들어, 우리가 하나님께 1000조의 빚을 졌다고 하자. 물론, 숫자로 표현할 수 없는 무한대의 값이겠지만, 편의상 숫자를 붙였다. 그런데 우리는 이 빚을 갚을 능력이 없다. 그래서 예수님이 우리 대신 노동을 해서, 빚을 갚아 주셨다.

그런데 이런 논리가 배우자와의 관계와 무슨 상관이 있을까? 정직하게 살펴보면, 우리는 어느 누구에게도 아주 그럴듯하게 베푸는 존재가 되지 못한다. 우리가 배우자의 빚을 탕감해 준 정도는 기껏해야 몇 천만원 정도다. 이 빚을 갚으라고 우리는 배우자를 마음 속으로 고발하고, 감옥에 가둔다. 빚을 다 갚고 보상까지 받지 않으면, 감옥에서 나올 수 없도록 철저하게 일을 처리한다.

우리에게 가장 도움이 되는 작업은 '명확한 자기 인식'이다. 우리 자신이 하나님께 얼마나 큰 빚을 진 자인지, 그 빚을 하나님이 어떤 은혜로 갚아 주고 계신지를 깨달으면 조금씩 여유가 생긴다. '곳간에서 인심 난다'는 말은 일리가 있다. 하나님의 은혜를 아는 사람은 마음이 넉넉하다. 다른 이에게 작은 규모의 빚을 갚으라고 분통을 터뜨릴 마음이 줄어든다.

내 영혼의 날씨

하지만 용서를 율법적으로 강요할 수 있는 사람은 없다. 용서도 하나님이 허락하셔야만 할 수 있다. 1부에서 언급했듯이, 하나님의 말씀에 형식적으로 순종하려고 애쓰는 건 유교적인 마인드다. 용서도 억지로 하려고 하면 탈만 난다.

내 경험상 용서는 파도와 같다. 어느 날은 이미 용서를 했다고 생각하지만, 어느 날은 또 아닌 것처럼 헷갈릴 때도 있다. 밀물인지 썰물인지 모르겠다. 딱 잘라 말하기 어려운 지점들이 너무 많다. 그래서 파도를 타듯이, 굴곡진 영혼의 흐름을 타는 게 자연스럽다. 하루는 경멸로 가득찼다가, 하루는 평온이 찾아오기도 한다. 하루는 짜증이 밀려 왔다가, 하루는 별 생각이 나지 않는다.

이렇게 제멋대로인 내 영혼의 날씨에 관한 일기장을 하나님은 전부 다 읽고 계신다. 다 이해한다고 등을 토닥이며 들어 주신다. 함께 우셨다가 함께 화도 내주신다. 귀여운 딸의 투정으로 보시기도 하는 것 같다.

그러다가 어느 순간 내 마음에 새로운 꽃이 피어 난다. 나도 의식하지 못한 틈에, 아침 해 돋는 빛이 찾아 온다. 그만큼 용서가 진행되고, 관계는 저절로 풀어진다. 신기하다. 억울하고 상처 받았다고 여겨지던 사건은 대략 50년 전의 과거의 일처럼 뿌옇게만 인식된다. 화가 왜 그렇게 났었는지, 감정에 대한 기억은 사라진다. 성령님의 만지심이다.

언제나 하나님은 인격적으로 내 감정을 충분히 용납해 주셨음을 말하고 싶다. 반드시 용서해야만 한다고, '바로 오늘' 해야 한다고 밀어 붙이는 분이셨다면, 나는 단 한번의 용서도 할 수 없었을 것이다. 아니, 일부로라도 안했을 것 같다.

심리학하는 교회언니 헵시바의 **결혼상담**

하나님께 언제나 '용서'에 대한 이슈를 열어 두되, 그 완전한 때와 방식까지도 맡겨 드리면 좋을 것 같다. 하나님은 친히 우리의 참 좋으신 아비가 되어 주신다. 우리가 용서를 실천하기 어려운 이유는, 똑같은 일이 또 발생할까봐 두려운 마음도 있는 것 같다. 자기 보호의 일환으로 사건에 대해 집착한다. 그러나 우리 하나님 아버지께 사건을 소상히 아뢰었다면, 하나님이 내 영혼을 보호해 주실 거라는 믿음이 생긴다. 그래서 용서에 한 발자국 더 다가설 용기가 생기곤 했다.

용서가 없는 가정은 경직되고 어두우며 음울해진다. 작은 실수를 두려워하며 위축되고 움츠리게 된다. 이는 서로를 죄수로 가두어 정죄하고 비난하는 가정의 분위기로 자리 잡힌다.

용서가 익숙한 가정은 자유롭다. 비즈니스 관계처럼, 책임 소재를 가지고 죽자고 물고 늘어지지 않는다. 넉넉히 이해하고 덮어 준다. 서로를 위해 어쩔 수 없이 희생해야 하는 영역을 기꺼이 담당한다. 이는 예수님의 '십자가' 희생과 닮았다. 다음 그림을 보자. 이전에는 없던 한 가지가 최종적으로 추가 되었다. 바로 '십자가'다. 십자가가 달린 가정은 비로소 가정사역에 완전한 해결책을 쥐게 된다.

[그림6-2] 십자가가 세워진 가정의 완성된 모습

소화기관을 사용하자

교회와 가정은 우리의 신체 기관과 유사하다. 성경에서도 '몸'으로 비유했다. 아무리 좋은 음식을 먹어도 배변 활동이 원활하지 않다면 어떨까? 불편하기 이를 데 없다. 하루가 지나기 전에 소화된 음식물은 배출되어야 건강한 가정이 정상적으로 기능한다. 이는 적절한 분노 처리와 용서를 의미한다. 그래서 성경에서 '해가 지기 전에 분노를 처리하라'고 말씀하신 것일지 모른다. 대변도 하루 이틀에 한번씩 배출하는 것이 건강에 좋은 것처럼 말이다.

몸의 생태계가 건강하게 순환되기 위해 주기적으로 '배출'에 신경 써야 한다. 365일을 함께 지내는 부부 사이에서는 갈등이 될 만한 사례들이 산재해 있다. 골치가 아프다고 생각할 수 있겠지만, 이는 피할 수 없는 문제다. 오히려 오래 묵힌 갈등이 한순간에 폭발하면 그 불을 끄는 것은 훨씬 더 어렵다. 제때 제때 지혜롭게 처리하는 환기구_ 용서라는 참 좋은 도구를 잘 활용하기를 권한다.

건강한 부부는 갈등이 없는 부부가 아니다. 갈등으로 인해 '감정의 골'을 벌리지 않는 부부다. 이를 위해 시시때때로 분노를 처리하는 과정 없이는 불가능하다. '애정어린 말과 신뢰를 주는 행동'을 하더라도, 결코 분노하지 않을 수 없다. 죄인과 죄인과의 연합에서 가장 중요한 단계는 재빨리 회개하고 재빨리 분노를 처리하며 재빨리 용서하는 '환기구'를 통해서만 가능하다.

결혼 생활에서 마주하게 되는 수많은 갈등은 낯설고 복잡할 수 있다. 그러나 이를 극복한 부부는 전과 다른 수준의 평안을 맛보게 된다. 관계의 지경과 삶의 지경이 무조건 넓어진다.

5. 추가 심화 내용
건강한 분노는 필요하다

반드시 필요한 분노

크리스천들은 마치 분노하고 비판하는 것이 모두 금기시되는 문화 속에 사는 것 같다. '용서하라'는 말이 마치 죄를 묵인하라는 것과 동일하게 여겨지기도 한다. 교회 공동체 내에서 누가 잘못을 하더라도, 끊임없이 이해하고 온유해야 한다는 압박감에 지쳐 있는 경우가 많다. 잘못된 부분을 보고도 모르는 척하는 것이 '사랑'이라고 여기는 경향이 있다. 그래서 목소리를 높여야 할 '쓴소리'가 사라지기 쉽다.

그러나 하나님이 가르쳐 주신 사랑에는 분명한 '죄의 견책'이 따른다(히12:5-6[7]). 또한 형제가 사망에 이르지 않은 죄를 범하는 것을 보

---

[7] 또 아들들에게 권하는 것 같이 너희에게 권면하신 말씀도 잊었도다 일렀으되 내 아들아 주의 징계하심을 경히 여기지 말며 그에게 꾸지람을 받을 때에 낙심하지 말라. 주께서 그 사랑하시는 자를 징계하시고

거든 구하라고 하셨다(요일 5:16[8]). 예수님이 우리 죄에 대한 형벌을 대신 짊어지셨기에 우리는 죄로부터 자유한 하나님의 자녀다. 그리스도 안에서 더 이상 우리에게 정죄함이 없다. 하지만 이것이 가족이나 교회 공동체 내에서 절대로 서로의 죄를 이야기해서는 안 된다는 뜻으로 해석되어서는 안 된다. 죄의 견책을 싫어하는 자의 최후는 파멸과 죽음이다(잠15:10[9]). 지체가 죽어가는 것을 보고도 바로잡지 않는 것은 오히려 미움에 가깝다(잠13:24[10]).

결혼 관계에서도 마찬가지다. 서로에게 전혀 '부정적인' 소리를 내면 안 되는 것이 아니다. 남편과 아내가 서로를 함부로 대하고 방치하더라도 눈감아 주어야 하는 것도 아니다.

정의가 사라지면 사람들은 살 소망을 잃는다. 분노가 억압되어도 마찬가지다. 하나님은 그 누구보다도 건강하게 '분노'하시는 분이다. 하나님은 매일 분노하신다(시7:11)[11]. 노하기를 더디 하신다고 하셨지만, 그분이 매일 분노하신다는 사실은 우리에게 낯설다. 그러나 부부 관계에 대입해 보면 이해가 가지 않는가. 배우자를 그 누구보다 사랑하기에, 친밀감을 방해하는 요소 요소마다 분노하지 않을 수 없기 때문이다. '남'이라면 멀찌감치 떨어져 모른 척해줄 수 있는 문제도 가

그가 받아들이시는 아들마다 채찍질하심이라 하였으니 (히12:5-6)
8 누구든지 형제가 사망에 이르지 아니하는 죄 범하는 것을 보거든 구하라 그리하면 사망에 이르지 아니하는 범죄자들을 위하여 그에게 생명을 주시리라 사망에 이르는 죄가 있으니 이에 관하여 나는 구하라 하지 않노라(요일5:16)
9 도를 배반하는 자는 엄한 징계를 받을 것이요 견책을 싫어하는 자는 죽을 것이니라 (잠15:10)
10 매를 아끼는 자는 그의 자식을 미워함이라 자식을 사랑하는 자는 근실히 징계하느니라(잠13:24)
11 하나님은 의로우신 재판장이심이여 매일 분노하시는 하나님이시로다(시7:11)

볍게 넘어가기 어려워진다.

예수님도 그 누구보다 우리와 친밀하게 연합하고 싶어하시는 우리의 영적인 신랑이시다. 그래서 우리가 하나님 외에 다른 것을 숭배하는 행동이나 하나님 말씀을 무시하고 자신의 고집대로만 살아가려는 행동에 대해서도 가볍게 넘기기 힘드신 것이다. 우리와 함께 거주하시는 성령님의 마음은 그로 인해 아파하고 상처받는다. 하나님의 진노는 단순한 짜증이 아니다. 이는 사랑의 표현이다.

"내 사랑아, 너가 나에게 이렇게 해서 너무 마음이 아프단다. 계속 죄를 짓는다면, 나와 가깝고 행복하게 지낼 수 없단다"

아무리 큰 죄를 지어도 배우자가 용서해줄 테니 이혼만 하지 않으면 괜찮다고 생각하는 사람이 있을까. '천국'만 가면 되니까 '마음껏 죄 짓는' 크리스천과 같은 어리석은 사람이다. 스스로 의도적으로 신성한 계약을 깨어버리면서 무엇을 진정으로 바라는가. 그래서 하나님을 사랑하는 자는 그 말씀을 지키는 자라고 하셨다(요14:21). 배우자에게도 마찬가지로, 나를 사랑한다면 내 말에 귀 기울여주기를 바라는 마음은 더욱 커질 수밖에 없다. 인격이 원하는 진실은 쌍방향이다. 행동이 없는 믿음은 그 자체로 죽은 믿음이다(약 2:26).

영적으로 성숙해져가는 '친밀감'의 영역이 분명히 존재한다. 부부가 법적으로는 똑같이 기혼 상태라도 친밀한 정도는 다 다르다. 크리스천이라도 하나님과의 친밀감의 깊이는 전부 다르다. 우리는 어떤 결혼 생활과 신앙 생활을 하고 있는가.

이는 하나님 앞에서 죄 고백을 얼마나 면밀하게 하고 있는가에 따라 좌우된다. 부부관계에서도 마찬가지다. 상대방이 너무 꼴 보기 싫어질 때 조차 내 자신의 죄성에 대해서 더욱 성찰한다면, 관계의 실마리는 풀려 나간다.

그래서 눈에 보이지 않는 성령님을 대신해 우리에게 육신의 배우자가 있는 것일지 모른다. 배우자는 성령님을 대신해 우리의 죄를 정확하게 바라보고 있다. 그리고 그 죄를 처리하기를 요구하며 강하게 분노하고 있다. 건강한 분노는 정당한 사랑에 대한 요청이다.

따라서 크리스천은 하나님의 형벌을 피하기 위해 죄를 처리해야 하는 것이 아니다. 이미 하나님 앞에서 인정받은 존재이기 때문이다. 다만, 하나님을 기쁘시게 하기 위해, 그분과의 깊은 관계를 위해 죄를 처리하지 않으면 안 되는 순간에 우리는 계속해서 봉착한다.

반드시 분노해야 하는 상황

다음과 같은 목록을 읽어 보자. 내 배우자가 다음에 해당된다면, 건강하게 분노하는 것이 정당하다.

1. 언제나 자기 의견만 옳고 타협이 없는 상대 (예: 모든 영역에서 의사결정의 주도권을 쥐는 경우)

2. 자신의 기호와 감정만 중요한 상대 (예: 상대의 기호를 배려하는 것을 '대단한 일'을 해주는 것처럼 생색내는 경우)

3. 원가족과 힘을 합해 배우자를 뒷담화하고 소외시키는 상대 (예: 독립이 덜 된 상태일 수 있다. 나중에는 자녀들에게도 배우자에 관한 험담을 늘어놓는다)

4. 지속적으로 다른 이성과 만나거나 성적으로 정절을 지키지 않는 상대 (예: 배우자가 불편하다고 이야기해도 '질투하는 사람'으로 몰아가는 경우)

5. 변할 수 없는 가정의 특수한 상황(경제적, 환경적, 건강, 외모)에 대해 끊임없이 불평하며 배우자를 탓하는 상대 (예: "당신처럼 돈 못 버는 남자를 만나서 내 신세가 이래"라며 불평하는 경우)

6. 지나치게 외부 활동에만 매진하거나, 결혼 전과 다름없이 바깥으로만 나도는 상대 (예: 지나친 사역도 배우자와의 친밀감을 회피하는 수단으로 이용될 수 있다)

7. 중요한 상황을 알리지 않거나, 일방적으로 통보하는 상대 (예: 연락 없이 무단 외박)

8. 일거수 일투족을 과도하게 통제하는 상대 (예: 상대방의 핸드폰을 수시로 점검하거나 생활비를 지나치게 인색하게 주는 경우)

9. 상당한 재산을 협의 없이 소비하거나 감추고 탕진하는 상대 (예: 도박 중독, 딴 주머니 차기 등)

10. 배우자를 수시로 화풀이 대상으로 삼는 상대 (예: 코너로 몰

기, 시비걸기, 욕설, 물건 부수기, 몸싸움 등. 여성도 충분히 폭력적일 수 있다)

만약 당신의 배우자가 위와 같은 경우라면, 그 상대방은 선을 넘었다. 단 한 번의 경우라도, 함께 사는 순간이 숨 막힐 듯 힘들 것이다. 다음을 점검해 보고, 가정 사역을 위해 지혜로운 전략을 수립하자.

1. 배우자가 변화되기를 바라는 만큼 충분한 인내와 사랑으로 의사소통을 시도했는가?
2. 배우자의 죄가 수십 번 기도해도 정확하게 인정되는가? 다른 지체와 나누어 보았을 때도 마찬가지의 결론이 나오는가?
3. 내가 변화되어야 할 부분에 대해 하나님 앞에서 충분히 회개하고 성령 충만한 상태인가?
4. 배우자의 죄를 견책하는 것이 하나님 앞에서 의로운 일이라는 확증을 받았는가?
5. 의로운 분노를 표현할 때, 그 방법과 태도에 있어서 하나님께 지혜를 구하고 끝까지 온유함으로 임했는가?

위의 점검표에 모두 고개를 끄덕일 수 있다면, 배우자를 견책하는 것이 오히려 배우자를 돕는 길이다. 그러나 아무리 처음에는 '옳은' 생각으로 시작했다 하더라도, 그 방법과 절차에서 모든 과정이 사랑으로 충만하기란 여간 쉬운 일이 아니다. 실제로 배우자의 죄로 인해 피해를 입은 경우라면, 의분이라는 명목 하에 배우자에게 상처를 되돌려주고 싶은 심정을 다스리는 것은 쉽지 않다.

이 또한 연습이 필요하다고 생각된다. 때로는 균형을 잃고 실수할 때가 있더라도, 궁극적으로 배우자가 하나님 앞에서 온전한 예배자가 될 수 있도록 돕는 것이 가장 중요한 과업일지도 모른다. 이 단계를 거친 크리스천은 비로소 '내 들보도 빼내고 남의 티도 빼내줄 수 있는' 온전한 분량의 성숙으로 나아가는 참된 제자의 길을 걸어가는 길목에 있다.

예수님을 닮아가는 과정의 최종 관문은, 다른 이의 죄를 사랑으로 품어주면서도 변화를 촉구할 수 있는 능력에 있다. 잘못된 것을 잘못된 것으로 인식할 수 있게 도와주는 것이야말로 진정으로 균형 잡힌 사랑이다. 때로는 어떤 방법으로든 관계를 훼손시키는 직접적인 죄에 대해 '단호한' 태도를 취해야만 배우자의 죄가 처리될 수 있다.

이것은 배우자와 하나님과의 관계를 가로막는 장애물이기 때문에 반드시 해결하도록 도와야 한다. 당신 외에는 그 일을 해낼 사람이 없다. 힘들겠지만, 당신에게 배우자를 맡기셨다는 사명감을 꼭 느끼기를 바란다. 견책하는 순간이 절대 '아름답게만' 보일 수 없음을 인정하라. 그 과정에서 시간과 에너지가 생각했던 것보다 훨씬 많이 필요할 수 있다. 그러나 이를 그냥 넘어가면 죄가 부패하여 결국 가정의 파멸을 초래할 것이다. 자녀에게까지 그 피해가 이어질 가능성도 있다. 치열하게 크고 작은 죄를 처리해 나가는 가정만이 하나님 앞에 건강하게 설 수 있다는 진리를 반드시 기억해야 한다. 하나님께 용기를 구하자. 사랑 안에서 진리를 말할 수 있도록 말이다(엡 4:15[12]).

만약 서로 서로의 죄를 처리해주기 어렵다면, 부부 상담자를 찾아가는 방법을 추천한다. 상담이 얼마나 도움이 될까 싶을 수도 있지만, 상담자는 일반인보다 많은 데이터를 쌓아 둔 사람이다. 객관적이고 통계적인 입장에서 부부의 이야기를 수집하고 정리해 주는 것만으로도 큰 시행착오를 줄일 수 있다.

특히 크리스천은 '성령님'이 우리의 상담사가 되어 주신다. 기도를 통해 내가 모르는 배우자의 마음을 깨닫게 해주실 수도 있고, 오히려 나의 변화를 촉구하시는 음성을 들을 수 있다. 성령님은 진실로 우리의 가정 사역의 최고의 자문가시다.

저자의 온라인 부부 상담이 필요하다면, 메일로 신청할 수 있다. 다만, 주의할 점은 두 사람 모두 신뢰하고 동의하는 상담자에게 방문하는 것이다. 만약 합의가 어렵다면 한 쪽 배우자라도 믿음이 가는 상담자를 방문하자. 부부는 하나님이 짝지어 주신 관계이기 때문에, 긍정적인 지점을 회복한다면 충분히 어둠 속에 길을 발견할 수 있다고 확신한다.

---

12 오직 사랑 안에서 참된 것을 하여 범사에 그에게까지 자랄지라 그는 머리니 곧 그리스도라 (엡4:15)

이혼에 관하여

책이 말미를 향해 가고 있다. 치명적인 단어, '이혼'에 관해 언급하지 않을 수 없다. 이혼이 흔해졌을 뿐만 아니라, 공개적으로도 거리낌이 없어졌다. 이러한 문화적인 압박 속에서 하나님의 기준은 먼발치에서 서성거리게 두는 사람들이 많아졌다. 이혼에 관해 부정적인 의견을 고수하는 '답답한' 크리스천이 되지 않는 것이 마치 감각있고 감수성이 풍부한 것처럼 비추어지는 무언의 메시지가 판을 치고 있다.

하나님의 의견은 빛이다. 하나님의 생각은 순결하다. 하나님의 조언은 흙 도가니에 일곱 번 단련한 은과 같다.(시12:6[13]) 세상에 수많은 사상과 언어가 흘러 넘치지만, 주목하고 곱씹을 가치가 있는 '진정성 있는' 언어가 얼마나 될지 분별해 내야만 한다.

하나님의 기준은 사람을 상처주는 것이 아니라 살려내는 것이다. 하나님은 말씀은 우리 영혼을 기꺼이 회복해 내신다.

이스라엘의 하나님 여호와가 이르노니 나는 이혼하는 것과 옷으로 학대를 가리는 자를 미워하노라 만군의 여호와의 말이니라 그러므로 너희 심령을 삼가 지켜 거짓을 행하지 말지니라(말2:16)

하나님은 이혼을 "미워하신다"고 분명히 말씀하셨다. 하나님과 '미

---

13 여호와의 말씀은 순결함이여 흙 도가니에 일곱 번 단련한 은 같도다 (시2:6)

움'은 그야말로 어울리지 않을 것 같은 조합이다. 사랑의 하나님이라면, 이혼까지도 넉넉한 마음으로 수용해 주셔야 하는 것이 아닐까. 하나님이 눈을 흘기시고 혐오스러운 감정으로 이혼을 대하신다는 말씀을 어떻게 받아 드려야 할까.

하나님을 쪼잔한 분으로 왜곡하기 전에, 다음 이야기를 들어 보기를 권한다.

최근, MBN방송에서 '한 번쯤 이혼할 결심'이라는 프로그램을 보았다. 이혼의 과정을 진지하게 겪어 나가는 과정을 '가상'으로 경험해 보는 리얼 버라이어티 프로그램이었다.

부부의 갈등 장면, 변호사를 찾아가는 장면, 무거운 마음으로 이혼 서류에 사인을 하는 장면이 연이어 나왔다. 그렇게 이혼을 결정한 곧바로 다음 단계는 무엇이었을까. 막상 경험해 보지 않으면 모를 내용이었다.

이혼 과정에서 반드시 꼭 거칠 수밖에 없는 단계는 가족들과 지인들에게 그 이혼 사실을 "알리는" 과정이었다.

여기서 특히 기억에 남는 장면을 공유하고 싶다. 60대 후반의 엄마가 이혼 결정을 하고, 이미 두 아이의 아빠가 된 40대 중반의 아들에게 이혼 결정을 전화를 통해 말하는 내용이었다.

사례: "아들, 통화 가능해?"
"말씀하세요."

"어,, 너도 알지? 엄마하고 아빠가 뜻이 안 맞아서 엄마 힘든 거"
"평소에 뭐 그런 일은 늘상 있었잖아"
"응, 어제 아빠랑 의논을 해서 '이혼하자' 이렇게 의논을 해서 엄마랑 아빠랑 이혼하기로 합의를 했어."
"(갑자기 딱딱해지면서) 네"
"응 그래서 너한테 알려 주는 거야."
"(약간 격양된 목소리로) 할려면 빨리하지 왜 이제 와서?"
"응, 그런데 엄마가 오래 생각해서 이렇게 결정을 했어."
"그래요 엄마, 내가 자식이라고 해서 미주알 고주알 관여할 일이 아니고, 엄마가 오랫동안 고심을 해서 내린 결정이라면 저는 그게 뭐가 되었든 존중을 해요."

아들과의 대화는 이렇게 순조롭게 끝났다. 맞다. 주변인들도 당사자의 이혼에 대해 크게 관여할 수 없다는 아들의 말은 옳다. 어느 누구가 이혼 문제에 대해서 왈가왈부할 수 있겠는가. 아들 입장에서의 최선으로 전달한 내용이었다.

그런데 다음 장면이 남아 있었다. 다음날 아들의 아내인 며느리가 시어머니께 전화를 해서 다음과 같이 말했다고 한다.

"어머님 그런데 어제 남편이랑 무슨 말씀하신 거예요. 애비 그 날 한참 울었어요. 뭐라고 그러신 거예요? 어머니 그렇게 서러워하면서 울던데요.."

아무리 장성한 40대 아들이어도, 겉으로는 의젓하게 존중의 의사를 표한다 할지라도, 부모님의 이혼은 밤새 서러움을 주체하기 어려울 정도로 버겁고 아픈 일이었다.

앞서 하나님은 이혼을 미워하시기까지 하신다고 들었다. 하나님이 무정하거나 상황 파악을 못하신다는 전제는 틀리다. 하나님은 우리 인간사를 깊이 헤아리고 계시는 분이심을 기억할 때, 부부의 이혼을 통해 얼마나 많은 공동체 일원이 깊은 상처로 얼룩지게 될지에 관해 고려하신 것은 아닐까.

영혼을 사랑하시는 하나님의 관점에서 바라볼 때, 이혼을 왜 미워하실 수밖에 없는지에 대해서 겸허하게 받아들여야 한다. 이혼의 결정은 당사자 두 사람뿐만 아니라, 둥지와 애착을 잃어버릴 자녀에게도 일생일대의 충격이다. 뿐만 아니라 두 사람을 지지하며, 결혼예배에 참여했던 지인들의 축복과 기대의 마음 또한 단숨에 저버리는 결정임을 부인하기는 어렵다.

물론, 예외가 없는 규칙은 없다. 성경은 다음 몇 가지 경우에 이혼이 허락될 수 있다고 말씀한다.

1. 간음 또는 부정한 행위

마19:9[14]에서 예수님은 간음(성적 부정)을 이혼의 합당한 이유로 언급하셨다. 여기서 "음행"에 해당하는 원어(헬라어 "포르네이아")는 성적인 부정행위를 가리킨다.

2. 비신자의 버림

고전 7:15[15]에서는 배우자가 믿지 않는 자(비신자)인 경우, 그 배우자가 먼저 결혼을 포기하고 떠나려 한다면 이혼이 허용된다고 가르친다. 즉, 비신자가 먼저 이혼을 원할 경우, 신자(믿는 자)는 그 상황에 매여 있을 필요가 없다.

3. 신체적 정신적 학대

성경은 직접적으로 신체적 정신적 학대로 인한 이혼을 언급하지 않는다. 그러나 성경의 전체적인 가르침, 특히 사람 간의 관계에서 사랑과 존중을 중요시하는 원칙을 고려했을 때, 한 사람의 존엄성이 지켜질 수 없는 환경은 하나님의 뜻이라고 보기 어렵다. 학대를 당하는 배

---

14 내가 너희에게 말하노니 누구든지 음행한 이유 외에 아내를 버리고 다른 데 장가 드는 자는 간음함이니라 (마9:9)
15 혹 믿지 아니하는 자가 갈리거든 갈리게 하라 형제나 자매나 이런 일에 구애될 것이 없느니라 그러나 하나님은 화평중에서 너희를 부르셨느니라 (고전7:15)

우자가 그 결혼 관계에서 벗어나는 것이, 결혼 생활을 유지하는 방향보다 더 큰 사랑과 안전을 위한 길임이 분명하다면, 이혼이 허용될 수 있다고 본다. 또한 한 배우자가 지속적으로 도박과 약물 중독에 빠져있거나 경제적, 정서적으로 방임할 때 이는 결혼 서약을 정면으로 저버린 행위로 간주될 수 있다.

    다만 위의 상황이 일회성이거나 가벼운 정도일 경우에는 상담을 통해 회복이 가능한 경우가 많다. 결혼을 지키는 방향성을 기본적으로는 견지하며 분별했으면 한다. 상대방에게 희망이 없다고 느껴진다고 하더라도, 하나님이 우리 가정을 진정으로 변화시켜 주실 수 있음이 믿어지기를 간절히 바란다. 가정사역에 전적으로 헌신하자. 하나님은 언제든 일하실 준비를 하고 계신다. 금식은 이 세상의 어떤 방법보다도 강력한 수단이다. 금식은 모든 문제를 뚫을 힘이 있다.
    마지막으로 혹시 이 땅에서의 결혼 생활에 실패했을지라도 여기에 집착하지 않기를 간절히 바란다. 가장 큰 패망은 우리가 하나님을 떠나 있는 상태 그 자체. 하나님은 가끔 우리에게 현실에서의 죽음을 허락하시는 때가 있다. 결혼 생활도 마찬가지다. 하지만 육신의 결혼은 하나님과의 결혼 생활에 비하면 진실로 아무것도 아니다. 본질은 언제나 하나님과의 더 높은 차원의 연합을 사모하는 믿음이다. 하나님과 우리가 진실로 신랑과 신부처럼 거룩하게 하나가 되는 그 영광의 모습을 꿈꾸는가. 이 승리 한 방이면 진실로 게임 끝이다.

마지막 글
〈사명〉

부자가 되는 아주 확실한 방법에 관하여

부동산을 알아보던 중, 시세보다 말도 안 되게 싼 가격에 땅 매물 소식이 들어왔다. 더군다나 아주 '유명한 분'의 투자 유치 계획도 있다고 한다. 미래가 창창한 이 땅을 당신은 매입할 것인가? 현재 자산이 별로 없어서 망설여진다면, 한 가지 희소식을 더 알려주고 싶다. 앞서 투자를 계획한 그 유명한 분은 다름 아닌 '하나님'이시다. 그리고 자산도 친히 준비해 주시겠다고 하신다.

와, 이게 웬 떡인가. 결정은 각자의 몫이지만, 나 같으면 무슨 수를 써서라도 산다. 어떤 이가 굳이 사지 않겠다면, 그 기회까지 내가 몽땅 다 가져가고 싶다.

하나님이 보장하는 미래라면, 일단 무조건 가져가고 봐야 한다. 그렇지 않는가. 눈치 챘을지 모르겠다. 나는 지금 '자녀의 축복'에 관해 말하고 있다. 자녀와 부요함이 무슨 상관이 있느냐고 반문한다면, 다음 성경 구절을 읽어 보자.

자식은 여호와께서 주신 기업이요, 태의 열매는 상급이라 (시 127:3)

위 성경 구절은 분명히 자녀가 우리에게 주시는 '부요함'이라고 말하고 있다. 너무 놀랍지 않는가. 다시 두 눈을 뜨고 자세히 살펴보자. '기업'이란 하나님이 물려주시는 부동산이다. '상급'은 보상을 뜻한다. 원어를 찾아보니 '봉급, 임금, 급료'를 뜻하는 단어다. 그렇다면, 하나님께서 우리에게 부동산도 주시고, 월급도 주신다는 뜻이 아닌가. 이 거야말로 소위 말하는 '건물주'가 되는 삶이다. 때마다 두둑히 월세를 받아 먹고 사는 건물주의 삶을 마다할 사람이 있을지 모르겠다.

나는 두 명의 자녀를 낳고 나서, 세상 그 어떤 사람도 부럽지 않아졌다. 자녀들을 보고 있으면 정말이지 밥을 안 먹어도 배가 부르다. 말씀 그대로, 자녀들은 하나님이 주신 두둑한 보너스처럼 느껴진다.

그런데 요즘에는 성경의 진리를 완전히 뒤바꾸어 놓은 이야기가 판을 친다. 경제적인 압박으로 자녀를 많이 낳지 않는다고 한다. 자녀를 오히려 인생의 훼방꾼으로 여긴다. 자녀로 인한 경제적, 정서적, 물리적 부담을 지나치게 강조한다.

건물주의 작은 수고로움을 지나치게 강조하는 것이 과연 합리적인지 잘 모르겠다. 성경을 완전히 뒤집어 해석하는 이러한 관점이 힘을 얻는 것은 사단의 간계다. 어떻게든 진리를 따르지 못하도록 우리를 속이고 있다.

그래서 앞서 '시세보다 싼 가격의 매물'이라고 표현했다. 매물을 찾는 사람이 줄어드는 추세라는 것은 달리 보면 기회일지도 모른다. 내가 산 땅 주변에 투자 계획들이 줄줄이 이어진다. 백화점과 놀이동산, 아울렛과 역세권이 조성된다. 매입한 땅 주변이 발전하는 모습을 보면서 흥분된 마음을 감출 수가 없다. '와, 내가 사들인 건물이 이렇게 나 잘 되고 있구나!' '오늘 또 내가 투자한 주식이 오르고 있네?' 하루에도 몇 번씩 기분 좋은 소식이 들려온다. 세상에서 가장 남는 투자이자, 그 어떤 기쁨을 능가하는 기쁨이다.

우리는 이 책 전반에 걸쳐 가정을 세우는 원리가 교회와 동일하다는 것을 배웠다. 개척 교회를 세운다고 가정해 보자. 건물이 잘 갖춰지고 십자가도 세웠는데, 새 가족이 한 명도 찾아오지 않는 교회는 어떠한가? 실질적으로는 죽어 있는 교회임을 부인하기는 어렵다.

물론 자녀 양육에서도 조심해야 할 부분이 있다. 자녀는 '여호와의 기업'이 되어야 하는데, 부모 자신의 기업이 되는 경우다. 자녀를 자아의 확장으로 여기면 집착하게 된다. 자녀를 자신의 소유물로 여기면 원하는 대로 통제하려고 한다. 자녀를 바벨탑의 꼭대기에 앉히기 위해, 갖은 수를 쓴다. 자녀가 자기 만족의 최종 보루가 되어 버린다. 욕심과 죄는 부부 관계뿐만 아니라 부모와 자식 간의 관계도 반드시 망가뜨린다.

하나님이 맡겨 주셨기에 우리는 최소한의 관리만 하면 된다. 부모로서의 건강한 책임의 적정선을 이해할 때, 자녀와 함께하는 삶은 오롯이 은총의 선물로 받아들여진다.

성경적 가정의 7가지 목표_최종 정리

우리는 이 책 전반에 걸쳐 가정의 7가지 목표를 살펴보았다. 이는 교회의 목표와 동일하며, 교회의 목표는 곧 성도의 목표가 된다. 다음의 정리된 내용을 통해 책의 내용을 복습해 보면서, 목표 의식을 견고하게 잡아 가자.

1. 첫 번째 목표 – 하나님께 순종하며 예배처 건축을 시작한다.
2. 두 번째 목표 – 육신의 것으로부터 독립하여 성장한다.
3. 세 번째 목표 – 죄를 회개하는 과정을 반복하여, 하나님과 모든 일에 한 영으로 연합한다.
4. 네 번째 목표 – 자아를 부인하고, 연합된 새로운 정체성으로 살아간다.
5. 다섯 번째 목표 – 지속적으로 헌신하며 공동체를 자라게 한다.
6. 여섯 번째 목표 – 성령 충만함으로 분노를 처리한다.

그리고 마지막 일곱번째 목표는 자녀 양육에 관한 것이다. 다음 말씀을 살펴 보자.

젊은 자의 자식은 장사의 수중의 화살 같으니 이것이 그의 화살통

에 가득한 자는 복되도다. 그들이 성문에서 그들의 원수와 담판할 때에 수치를 당하지 아니하리로다. (시 127:4-5)

갑자기 '전쟁' 이야기가 나와 의아할 수 있다. 자녀가 전쟁에 나간 장수의 손에 들린 '화살'이라는 표현을 현대 사회에 어떻게 적용할 수 있을까?

마지막 일곱 번째 목표는 '열매를 양육하며 영적 전쟁을 승리로 이끈다' 이다. 왜 하나님은 가정과 교회를 세우셨는가? 근본적으로는 하나님의 나라를 이 땅에 실현하는 임무를 주셨기 때문이다. 우리는 분명한 적이 존재하는 영적 전쟁을 해야 한다.

만약 영적 전쟁이라는 단어가 부담스럽고 피하고 싶다면, 피할 수 있다. 다만, 이미 사단의 술수에 휘둘리고 있다는 것을 기억하라. 상대방이 얼마나 만만하게 보였으면, 가만히 내버려 두겠는가. 생각하면 오히려 섬뜩하다. 사단의 편에서는 아군이나 다름없는 사람이라는 뜻이다.

우리에게 주어진 영역을 하나님이 친히 통치하시는 곳으로 변화시키려 할수록 영적 전쟁은 거세게 느껴진다. 그러나 염려하지 않아도 된다. 마귀의 궤계를 이기고 악한 자의 모든 화전을 대항하기 위한 군대와 전략으로 나아가면 된다 (엡 6:16)[1].

따라서 우리는 다음 세대를 전략적으로 영적인 군사로 양육해야 한다. 바로 이 비유가 앞서 살펴본 말씀에서 나오는 '화살'이다.

당시에는 전쟁에 나가는 장수는 화살을 직접 만들었다고 한다. 매끈한 화살촉을 만들기 위해 밀고 깎고 훈련하는 과정이 필요하다. 화살통에 담아 두고, 전쟁에서 꼭 필요할 때 사단의 전장을 무너뜨릴 수 있도록 치밀하게 교육해야 한다.

잠시 죽기 전, 눈을 감기 전에 성도로서의 사명을 잘 수행했는지를 돌아보는 장면을 상상해 보라. 전력을 다해 가정과 교회를 세웠더라도, 아직 정복하지 못한 땅을 보고 죽어야 할 것이다. 그러나 그때 우리의 자녀들이 있다. 자녀들이 견고한 화살촉이 되어 원수 마귀를 뚫고 달려나갈 것이다. 우리의 남은 사명을 이어받을 자들이다.

---

1 모든 것 위에 믿음의 방패를 가지고 이로써 능히 악한 자의 모든 불화살을 소멸하고 (엡6:16)

가슴이 뛴다. 우리 가정은 분명히 교회로 우뚝 설 것이다. 마지막 사명을 완수한다면, 우리의 자자손손들이 이 땅에 남아 있는 영적 전쟁을 승리로 이끌어줄 것이다. 우리가 눈을 감는 순간, 자랑할 만한 우리 삶의 가장 빛나는 면류관이다. (잠17:6[2])

마지막 고백

결혼에 관한 책을 쓰면서, 결혼을 감히 나의 언어로 표현하는 것이 얼마나 어려운 일인지에 좌절하고 절망하기를 반복했다. 과연 내가 이 책을 쓸 자격이 있는지에 대해 수없이 낙심하고 부대끼며 포기하고 싶기도 했다.

그럼에도 결혼 생활 동안 육신의 남편과 치열하게 부딪히면서, 마치 이 책이 출산하듯 잉태되도록 인도하셨음을 보게 하셨다. 남편과 내가 상처가 없이 만났더라면, 더 낭만적이지 않았을까 아쉬운 마음이 있었다. 그런데 만약 우리 부부가 공사장의 시간을 짧고 간편하게 지났다면, 지금의 연합의 수준은 불가능했을 것이다. 마찬가지로 우리 원가족에서의 내적인 외적인 갈등 속에서도, 그 이상의 분량으로 우리 모두를 이끄시는 하나님을 겸허히 고백하게 된다.

결혼을 선명하게 인식하는 것은 신앙을 이해하는 것과 같기에, 이 땅에서 온전한 분량으로는 불가능한 영역이다. 그저 희미하고 흐릿하

---

2 손자는 노인의 면류관이요 아비는 자식의 영화니라 (잠17:6)

게 비출 뿐이다.

　또한 가정은 부부만의 예술작품이기에, 어느 가정이든 그 고유한 색감이 있다. 다른 가정과 우열을 다투거나, 비교할 수 없다. 부부가 얼마나 충실하게 가정을 세웠는지는 오직 하나님만이 그 날에 최종적으로 판단하실 것이다.

　부부만의 유일무이한 건축물이 완성될 때, 태초의 기획안 그대로를 구현해 내는 부부는 얼마나 될까. 또 그 건축 과정에서의 고뇌와 수고를 쉬이 판단하거나 포기하지 않을 수 있는 원동력은 어디에서 공급받을 수 있을까.

　오로지 '성령'의 능력으로만 입이 딱 벌어질 만한 웅장한 하나님의 나라를 우리 가정을 통해 실현되게 하시기를. 그 걸음이 일회성의 은혜가 아니라 평생에 걸친 지속적인 씨름을 통해 이루어질 수밖에 없음을 용기 있게 받아들이게 하시기를. 그럼에도 도달할 수 없게 느껴지는 이상향에 좌절하거나 겁먹지 않기를. 하나님이 계시해 주신 말씀의 손가락을 치열하게 바라보며, 결혼 생활의 여정 모두를 하나님 앞에 산 제사로 바치기를. 이 진리의 방향성이 마침내 순을 움트게 하고 꽃을 피우게 하시리라 굳게 신뢰할 수 있기를.

참고 도서

가족치료의 이해 (정문자 외, 학지사, 2013)

결혼에 관한 7가지 거짓말 (존 제이콥스 지음, 학지사, 2014)

영혼의 친구, 부부 (폴 스티븐슨 지음, IVP, 2014)

결혼 건축가 (래리 크랩 지음, 두란노, 2010)

결혼예비상담 (에비릿 워딩톤 지음, 두란노, 2002)

가정 사역 부부학교 (이희범 지음, 예영 커뮤니케이션, 2018)

부부학교 (게리 토마스 지음, CUP, 2022)

온전한 남편 (루 프리올로 지음, 미션월드라이브러리, 2007)

에덴남녀 (래리 크랩 지음, 복있는사람, 2014)

메튜헨리의 가정예배를 회복하라 (메튜헨리 지음, 미션월드라이브러리, 2012)

Family Ministry (추부길 지음, 한국가정사역상담연구소, 2005)

온전한 결혼생활 (노만 라이트 지음, 웨스 로버츠 지음, 미션월드라이브러리, 2007)

인간이해와 상담 (래리 크랩 지음, 두란노, 2011)

서로를 이해하기 위하여 (폴 투르니에 지음, IVP, 2010)

하나님의 남자 (찰스 스탠리 지음, 미션월드라이브러리, 2013)

젊은이를 위한 인간관계의 심리학 (권석만 지음, 학지사, 2017)

하나님의 소중한 선물 감정 (배리 애플화이트 지음, 해피앤북스, 2009)

성경적 상담의 핵심 개념 (히스 램버트 지음, 국제제자훈련원, 2015)

예수님과 멀어지게 된 45가지 이유 (바실레아 슐링크 지음, 규장, 2013)

결혼, 날마다 새로운 헌신 (로먼 라이트 지음, 죠이선교회, 2008)

가정폭력치유 교과서 (폴 헥스트롬 지음, 글샘, 2008)

감사의 말

\#

돌아가시기 직전까지

'네가 최고야!'

라고 말씀해 주신 할아버지

보고싶어요

할아버지는 제 삶에 최고의 어른이셨어요

\#

엄마가 내가 '작가'가 되었으면 해서

그렇게 불러 주던 게 생각나요

아빠가

그동안 아빠로서 살아오신 삶이

대부분 보통의 아빠들에 비해

충분히 온유했다고 생각해요

중요한 이야기가

하나님 앞에서 한 치의 거짓이 아니기에

인간의 힘으로는 어려울지 몰라도

두 분이

격려하면서 키워 주셨음에 진심으로 감사해요

하나님을 경외하는 마음 안에서

강건하게 사시기를 기도해요

#

항상 먼저 다가와 웃게 해주고

따뜻한 날들 만들어 주는 우리 남편

우리가 갈등한 날들이 없었다면

지금처럼 친한 친구가 될 순 없었을 테니까_

무엇보다 때마다

성장하는 모습 보여줘서

나는 그 점이 제일 고마워요

우리 처음 약속처럼

할머니 할아버지 될 때까지

세상에서 제일 예쁜 우리 Y B랑

행복한 추억 쌓아 나가요

사랑해요

As always !

#

어머님의 기도 덕분에 책이 나와요.

최고의 시댁을 만났다고 생각하고 늘 감사합니다

#

헵시바 채널 구독자분들께

온라인에서 만난 저를 신뢰해 주시고 함께해 주심에

진심으로 감사드립니다

심리학하는 교회언니 헵시바의 결혼상담

초판 1쇄 발행 2025년 4월 18일

지은이   헵시바
펴낸이   조은이

편집   조은이
디자인   조은이
일러스트 이정연 ariam0908@gmail.com

펴낸곳   (주) 햇귀
출판등록 2024년 8월 2일 제 2024-000010호
주소   경기도 남양주시 별내중앙로 30, 204호
전자우편 dunamis5757@naver.com 팩스 0508-937-1344

copyright ⓒ HG Corp, 2025, Printed in Korea

ISBN 979-11-991801-7-8 (03230)

오탈자 및 수정 의견 보내 주시면 반영하겠습니다.
잘못 만들어진 책은 구입한 곳에서 교환해드립니다.